Direction du numéro
Dieulermesson Petit Frère
Section Critique

Mirline Pierre
Section Créations et Entretiens

Les points de vue contenus dans les articles sont exprimés sous la responsabilité de leurs auteurs. Tous les textes de ce numéro sont protégés par le Bureau haitien du droit d'auteur (BHDA).

ISSN : 2307-0234
ISBN : 978-99970-86-08-2
LEGS ÉDITION
Dépôt légal : 14-10-454
Bibliothèque Nationale d'Haïti
Illustrations : Ludovic Bozz/Coll.
       Festival Arts.

© Legs et Littérature 2015

Contact :
www.legsedition.com
legsetlitterature@venez.fr
509 49 28 78 11
509 33 50 09 60
26, Delmas 8, Port-au-Prince, Haïti.

La rédaction

Wébert Charles
(Haïti)

Dieulermesson Petit Frère
(Haïti)

Jean Watson Charles
(France)

Catherine Boudet
(Ile Maurice)

Mirline Pierre
(Haïti)

Ghislaine Sathoud
(Canada)

Carolyn Shread
(Etats-Unis)

Guillemette de Grissac
(France-Réunion)

Jean James Estépha
(Haïti)

Éditorial

Ces écritures qui voyagent...

La migration n'est point un phénomène nouveau. Depuis la nuit des temps, l'humanité a toujours été marquée par le déplacement des populations. L'être humain est un éternel voyageur. Un étranger dont la construction véritable doit prendre en compte tout un ensemble de valeurs, lesquelles sont liées entre autres à la temporalité (l'histoire), à l'espace –donc la géographie, prenant en compte le milieu et toutes les activités qui lui sont relatives– et la dynamique des besoins. Épris du désir de conquête –qu'il soit économique ou politique– les êtres humains ont toujours fait l'expérience de la traversée des terres, des océans et des montagnes. Des peuples de la mer, ou plutôt de l'Afrique à la Mésopotamie (berceau de l'écriture), du continent asiatique aux régions américaines, les traces et les effets des grandes vagues migratoires sont encore présents. Certainement la colonisation et, dans une grande mesure, le capitalisme ont eu de grandes incidences tant bien sur le déplacement que sur le peuplement ou l'accroissement démographique.

Vu la complexité que semble évoquer aujourd'hui la migration, ne serait-t-il pas important de la replacer dans des ensembles plus larges, d'étendre le champ pour y inclure d'autres formes de mobilité, tenir compte d'autres processus ayant toutefois une ou des incidences sur le phénomène ? Parler de la migration n'évoque-t-il pas autant les diasporas que les réseaux transnationaux, les espaces frontaliers et les déplacements extérieurs qu'intérieurs ? Quel sens possède encore aujourd'hui la notion « frontière » au

«Épris du désir de conquête les êtres humains ont toujours fait l'expérience de la traversée des terres»

moment où l'on vit ce qu'Arnold van Gennep[1] appelle la « Mondialisation de l'Humanité » ? S'appuyant sur « L'expérience historique identitaire de la nation dominicaine, dans sa logique de *double insularité* qu'elle partage avec Haïti » (p. 17), évoquée par Delcy Delné dans sa contribution, on serait en droit de se demander dans quelle mesure la notion tient-elle encore debout ? Suivant un schéma classique, la frontière étant par essence un élément « nécessaire à la coopération régionale » (p. 18). Aussi le phénomène de la globalisation devrait-il, du coup, faire disparaître toutes les barrières (linguistiques, culturelles, économiques et politiques) pour créer ce que René Philoctète appelle véritablement « Le peuple de terres mêlées ».

À cet effet, ce nouveau numéro de la revue *Legs et Littérature* entend porter un nouveau regard sur la question migratoire en ayant comme support premier le champ littéraire. À la lumière de trois récits mettant en relief le drame de 1937 en République Dominicaine (*Compère Général Soleil, Le peuple des terres mêlées et The farming of bones*), Delcy Delné se propose d'étudier la « représentation du passage de la frontière dominicaine par les migrants haïtiens et l'interprétation du massacre de 1937 chez les romanciers haïtiens » (p. 17) tout en prônant le «dépassement des aspects traditionnels dans ces fictions haïtiennes s'inscrivant dans une perspective manichéenne de l'histoire» (pp. 16-17). La réflexion de Delné est intéressante à plusieurs points de vue, en ce sens qu'il est possible de s'en inspirer pour situer et comprendre la décision de la Cour constitutionnelle dominicaine de 2010 qui fait des citoyens haïtiens de l'autre côté de la frontière des résidents illégaux.

> « Aussi le phénomène de la globalisation devrait-il, du coup, faire disparaître toutes les barrières »

Dans le deuxième texte, il s'agit de passer en revue les différents récits haïtiens mettant en exergue le phénomène de la migration et, en même temps, s'interroger sur ce qui fait la particularité de l'écriture migrante haïtienne « dont la naissance doit être située dans une conjoncture ayant conduit à l'exil et à l'exode massif

---

1. http://fr.wikipedia.org/wiki/Mondialisation#cite_note-5, consulté le 15 mars 2015..

des compatriotes haïtiens vers les terres lointaines » (p. 36). Les considérations englobent autant les écrivains du « dedans » que ceux du « dehors ». L'accent est surtout mis sur les personnages utilisés comme pré-texte pour pouvoir décrire, d'une part, « les relations identitaires » (p. 38) et, d'autre part, faire ressortir les effets provoqués par la nostalgie et tous « les enjeux liés à la mémoire, l'altérité, l'espace et le temps » (p. 38).

De son côté, Wébert Charles, a plutôt cherché à comprendre le rôle ou « l'influence de l'espace sur la pensée ou la création littéraire » (p. 69) en posant d'entrée de jeu ce qu'il appelle une «géographie de la littérature». Par là même, cette géographie pose d'emblée les vraies préoccupations de l'auteur, à savoir comment la littérature, de préférence les créateurs s'approprient-ils l'espace ? Ce qui l'intéresse c'est la ville de Port-au-Prince aussi bien comme espace physique (ville réelle) que comme espace imaginaire (ville fictive), d'où la mise en récit de cette ville qui devient, du même coup, un personnage littéraire. Si du début jusqu'à la moitié du vingtième siècle, les écrivains se sont attelés à « décrire la vie des paysans dans leur environnement réel », avec l'époque contemporaine, souligne le critique, « la capitale acquiert le statut de personnage romanesque » (p. 71). Aussi les romanciers contemporains ont-ils largement réexploré le paysage littéraire haïtien, offrant par-là une toute autre perspective de l'espace géographique où les personnages ont plutôt tendance à laisser le vacarme de la ville pour aller à la campagne.

Évoquant la situation de l'écrivain en terre étrangère et qui fait de son lieu d'origine la pierre angulaire de son œuvre, Jean James Estépha se demande si « la création littéraire de l'écrivain haïtien n'est-elle pas tributaire d'une certaine forme d'exil » (p. 80). D'où émergent des préoccupations du genre : existe-t-il une littérature de l'exil ? Quel est le véritable statut de l'écrivain en exil ? Comment vit-il sa situation d'exilé ? À l'aide des textes de Frédéric Marcelin, Louis-Philippe Dalembert et Anthony Phelps, Estépha nous montre comment l'âme de l'écrivain haïtien, en terre étrangère, reste toujours attachée à son pays natal. Nostal-

> « Aussi les romanciers contemporains ont-ils largement réexploré le paysage littéraire haïtien »

gique, il est habité par ce désir de « revenir en arrière, aux temps de ses meilleurs souvenirs » (p. 84). C'est précisément cette envie de revivre ses souvenirs, se sentir chez soi, et qu'incapable de supporter son éloignement ou son isolement de son lieu d'origine que l'écrivain au même titre que certains de ses personnages envisage le (chemin du) retour comme remède à sa nostalgie.

Pour développer cette même thématique, Meriem Hafi Mériboute étudie sa valeur dans *Le sermon de la chute de Rome* de Jérôme Ferrari en s'appuyant sur l'ouvrage du philosophe français Vladimir Jankélévith, *L'Irréversible et la nostalgie*, distinguant ainsi deux aspects de la nostalgie, close (celle où le retour est capable de compenser exhaustivement l'aller) et ouverte (celle qui renvoie à une sorte de désillusion, l'attente du nostalgique n'étant pas comblé). Ce jeune auteur contemporain qui, ayant « bien réussi à investir la nostalgie comme motif d'écriture » (p. 58) est, comme son personnage principal, dans une situation d'émigré. D'où ce qui fait que Corse, la terre de ses ancêtres, constitue, à chaque fois, le cadre de ses récits. Après avoir analysé le caractère de chacun des deux protagonistes et déterminé la cause de leur nostalgie, Hafi Mériboute précise avoir décelé chez Ferrari « une grande diversité de prototypes de nostalgie » lesquels diffèrent « selon l'objet du désir du nostalgique, […] son caractère et sa conduite » (p. 65). Même quand il aura fini par s'installer ou s'intégrer dans la terre ou la société d'accueil, l'individu en situation d'émigré ne parviendra jamais à se détacher des souvenirs qui ont marqué sa vie antérieure. C'est précisément dans cette perspective qu'il faut comprendre la démarche de Mirline Pierre qui, s'appuyant sur trois romans haïtiens contemporains, se propose d'analyser la dynamique du retour comme « porteur d'un projet visant le mieux-être de la communauté voire même de la société donc élément d'espoir » (p. 88). Comme si le retour, en dépit de tous les déboires et risques encourus, aurait un effet bénéfique ou positif sur la vie de la communauté du revenant. Même si, dans la plupart des cas, ce retour a comme motif « l'attachement ou l'enracinement à la

« Le retour, en dépit de tous les déboires et risques encourus, aurait un effet bénéfique ou positif sur la vie de la communauté »

terre natale » (pp. 87-88).

Si la dernière partie de la revue, *Repères*, propose au lecteur un travail de dépistage des écrivains de la diaspora haïtienne, *Créations* lui offre des textes poétiques évoquant la migration d'écrivains de la diaspora et d'ici. Des textes qui disent la douleur, le mal du pays. Qu'il s'agisse de l'exil forcé ou du choix de l'écrivain de quitter volontairement sa terre, il demeure toutefois certain que la douleur du pays perdu et le désir du retour l'assailliront durant toute la période d'adaptation ou de projection. Car même s'il finit par revenir sur ses terres d'enfance, il n'est pas sûr que ce retour contribuera à extirper complètement la nostalgie. Le souci de ce numéro est de rendre compte du phénomène de la dissémination des peuples à travers la planète, mais en privilégiant surtout la démarche littéraire. Comment la littérature, donc les écrivains (qu'ils produisent d'ici ou d'ailleurs) se sont-ils appropriés le phénomène de l'émigration ? Que restent-ils de ces amours, ces souvenirs laissés quelque part derrière soi lors de ces départs précipités ou risqués vers les nouveaux horizons ? N'est-ce pas Euripide qui dit qu' « il n'existe de plus grande douleur au monde que la perte de sa terre natale ? »

Dieulermesson PETIT FRÈRE, M.A.

Sommaire

- **Migration et littérature de la diaspora**

15 Réévaluer la représentation littéraire de la migration haïtienne en Républicaine dominicaine et le massacre des Haïtiens de 1937 chez Jacques Stephen Alexis, René Philoctète et Edwidge Danticat
Par Claudy DELNÉ

35 Écrire les frontières, réduire la distance. Des traces de l'ici et de l'ailleurs dans les récits haïtiens du 20ème siècle
Par Dieulermesson PETIT FRERE

55 Aspects de la nostalgie dans « Le sermon sur la chute de Rome » de Jérôme Ferrari
Par Meriem HAFI MERIBOUTE

69 De la campagne à la ville : la mise en récit de Port-au-Prince
Par Wébert CHARLES

79 L'exil, cet unique chemin du retour !
Par Jean James ESTÉPHA

87 Laferrière, Roumain, Tavernier, Trouillot : l'ellipse du retour
Par Mirline PIERRE

- **Entretiens**

95 Michèle Voltaire Marcelin : « Je ne suis pas devenue moins haïtienne parce que je vis en dehors de mon pays »
Propos recueillis par Mirline Pierre et Dieulermesson Petit Frère

99 Joël Des Rosiers : un enfant de l'ex-île
Propos recueillis par Dieulermesson Petit Frère

105 Jeanie Bogart : « Non, je ne suis pas dépaysée ni déracinée »
Propos recueillis par Wébert Charles

- **Portrait d'écrivains**

114 Émile Ollivier, l'itinéraire d'une vie
Par Dieulermesson Petit Frère

Sommaire

117 Faubert Bolivar, un nouveau surréaliste
 Par Michel Herland
122 Dany Laferrière, l'écrivain aux mille tours
 Par Mirline Pierre

• **Lectures**

129 *Taximan* de Stanley Péan
 Par Dieulermesson PETIT FRERE
131 *Chronique de la dérive douce* de Dany Laferrière
 Par Mirline PIERRE
134 *Le peuple des terres mêlées* de René Philoctète
 Par Qualito ESTIMÉ
137 *Panorama de la littérature haïtienne de la diaspora* de Pierre Raymond Dumas
 Par Jean James ESTÉPHA
140 *Dialogue au bout des vagues* de Gérarld Bloncourt
 Par Wébert CHARLES
142 *Les Saprophytes* de Noël Kouagou
 Par Anas ATAKORA E

• **Créations (Bilingue)**

147 Solongo et autres textes...
 Jean-Durosier Desrivières
157 Poèmes bilingues
 Patrick Sylvain
163 Là-bas aussi
 Anas Atakora
167 Dilemme
 Indran Amirthanayagam
171 Poète exilé
 Marie Alice Théard
175 Je t'aime mais je pars
 Méleck Jean-Baptiste

Sommaire

Regards

181 Yanick Lahens ou les racines de l'écriture de la conscience
     Par Websder Corneille
183 Prix, distinctions et événements

Repères des écrivains de la littérature haïtienne de la diaspora

185 Recensement sélectif d'œuvres d'écrivains haïtiens de la diaspora

215 **Liste des contributeurs**

• Première partie

Migration et littérature de la diaspora

15   Réévaluer la représentation littéraire de la migration haïtienne en Républicaine dominicaine et le massacre des Haïtiens de 1937 chez Jacques Stephen Alexis, René Philoctète et Edwidge Danticat
Par Claudy DELNÉ

35   Écrire les frontières, réduire la distance.
Des traces de l'ici et de l'ailleurs dans les récits haïtiens du 20ème siècle
Par Dieulermesson PETIT FRERE

55   Aspects de la nostalgie dans « Le Sermon Sur la Chute de Rome » de Jérôme Ferrari
Par Meriem HAFI MERIBOUTE

69   De la campagne à la ville : la mise en récit de Port-au-Prince
Par Wébert CHARLES

79   L'exil, cet unique chemin du retour !
Par Jean James ESTÉPHA

87   Laferrière, Roumain, Tavernier, Trouillot : l'ellipse du retour
Par Mirline PIERRE

Réévaluer la représentation littéraire de la migration haïtienne en Républicaine dominicaine et le massacre des Haïtiens de 1937 chez Jacques Stephen Alexis, René Philoctète et Edwidge Danticat

Claudy Delné est un ancien élève de l'École Normale Supérieure en Haïti (1988-1990). Au Québec depuis 1996, il a obtenu tour à tour un baccalauréat en enseignement de l'histoire et une maîtrise en éducation de l'Université de Montréal. Détenteur également d'un baccalauréat en droit de l'Université de Moncton (New-Brunswick, Canada), il est l'auteur de L'enseignement de l'histoire nationale en Haïti : état des lieux et perspectives *paru aux Éditions du CIDIHCA en 2001. Docteur en études françaises et francophones, il enseigne le français dans le New Jersey et s'intéresse particulièrement aux questions d'altérité, de représentation et de race en littérature.*

Résumé

Cet article vise à jauger l'acte de représentation du passage de la frontière dominicaine par les migrants haïtiens et l'interprétation du massacre de 1937 chez les romanciers haïtiens. Il milite pour un dépassement des aspects traditionnels dans ces fictions haïtiennes s'inscrivant dans une perspective manichéenne de l'histoire. Il appelle plutôt à des récits de fiction qui s'éloigneraient du massacre de 1937, comme point d'ancrage des relations bilatérales des deux nations afin de mieux appréhender la nature complexe des dynamiques identitaires et de coopération des deux peuples dans leur destin commun.

Le 26e colloque[1] de l'Association des Études haïtiennes ayant pour thème «Migrations, traversée des frontières, marche vers l'avant» tombait à point nommé. Il y a lieu de croire que le choix de ce thème, du moins en partie,

---

1. Cet article découle d'une communication qui a été présentée au cours de la 26e conférence annuelle de l'Association des Études haïtiennes du 6 au 8 novembre 2014 à l'Université Notre-Dame en Indiana, aux États-Unis.

avait beaucoup à voir avec l'imbroglio judiciaire dominicain de l'année d'avant qui a mobilisé le monde entier dans tout ce qu'il sous-tend de racisme et d'anti-haïtianisme en particulier. En ce sens, il n'est pas sans savoir de rappeler que la récente décision de la Cour constitutionnelle de la Républicaine dominicaine — qui annule de façon rétroactive la citoyenneté à toute personne née de parents « illégaux » sur le territoire après 1929 — rentre dans une vision rétrograde et limitée de l'identité. Or, cette décision s'applique à plus de 200.000 personnes dont la plupart (sont) des Haïtiens. Étant donné la proportion inégale des milliers d'Haïtiens affectés par l'application de cette jurisprudence, il faut voir dans le raisonnement de la Cour l'histoire des préjugés et du racisme contre les Haïtiens et leurs descendants depuis au moins l'ère Trujillo. La décision de la Cour a atteint un plus haut degré dans la série des mesures systématiques d'épuration de la société dominicaine de la présence ou noirceur haïtienne, allant du génocide de 1937 jusqu'au massacre juridique de septembre 2013.

Ainsi abordé, les trois dernières décennies témoignent au moins d'un développement impressionnant relatif aux études ou théories de frontières. Des aspects plus contemporains de ces études touchent à la question épineuse de la reconstitution des frontières à la lumière des processus de globalisation, de déterritorialisation et de dénationalisation du lien entre l'État-nation et la société. Ces différents processus tendent à atténuer le poids du statut légal de citoyenneté comme le critère exclusif de l'identité avec le territoire ou l'État au détriment d'autres facteurs comme le capital économique, social et culturel dans la fondation du sentiment d'appartenance et de l'identité.

S'inscrivant dans le sillage de *Gouverneurs de la rosée* de Jacques Roumain, la question de la migration haïtienne chez Alexis, Philoctète et Danticat reste liée, pour une large part, aux conditions économiques des protagonistes qui sont contraints de quitter Haïti vers la République dominicaine à la recherche d'un mieux-être. Leur statut là-bas tombe dans la catégorie des personnes « in transit » comme l'attestent l'amendement de la Constitution dominicaine en 2010 et la décision récente de la Cour constitutionnelle définissant ainsi les résidents sans papiers comme « in transit ».

Cet article vise à jauger, pour rester fidèle à l'assertion de départ, l'acte de représentation du passage de la frontière dominicaine par les migrants haïtiens et l'interprétation du massacre de 1937 chez les romanciers haïtiens. Il milite pour un dépassement des aspects traditionnels dans ces fictions haïtiennes s'inscrivant dans une perspective manichéenne de l'histoire. Il appelle plutôt à des récits de fiction qui s'éloigneraient du massacre de 1937, comme point d'ancrage des relations bilatérales des deux nations afin de mieux appréhender la nature complexe des dynamiques identitaires et de coopération des deux peuples dans leur destin commun.

Le libellé de cet article fait d'emblée référence à deux éléments fondamentaux qui caractérisent la nation telle qu'elle est perçue en Occident et qui relèvent du même coup de la politique d'État. Les romans *Le peuple des terres mêlées* de Philoctète, *The Farming of Bones* de Danticat et dans une moindre mesure *Compère Général Soleil* d'Alexis, constituent de la fiction de migration en tant qu'elle redéfinit le mythe de l'identité telle que l'entend Draga-Alexandru dans *Crossing Boundaries : Thinking through Literature*. Il s'agit ici d'une dynamique migratoire qui se joue entre deux espaces périphériques. La fiction postcoloniale migrante, selon Draga-Alexandru, reformule la question de l'Autre en termes qui ne sont pas seulement politiques mais aussi géographiques. Elle a trait à un déplacement perçu ultimement comme psychologique dans le sens que le migrant, qui quitte sa patrie pour une autre — qui n'est pas d'abord aimé mais détesté — transfèrera certains de ses désirs comme manque à gagner au nouveau territoire (123). C'est cette dimension psychologique particulièrement évocatrice dans les cultures de frontière qu'ont vécue les couples Hilarion et Claire-Heureuse, Adèle et Pedro et Amabelle et Sébastien dans les trois récits de fiction respectivement.

La lecture intertextuelle de ces romans suggère qu'ils visent tous à suppléer aux carences de l'histoire, à s'insurger contre la version officielle du passé et constituent ipso facto des contre-récits aux courants dominants qui imprègnent l'historiographie dominicaine depuis et après Trujillo. Les deux thématiques récurrentes aux trois romans renvoient aux récits du mouvement migratoire des Haïtiens vers la république voisine et du massacre de 1937. Elles sont liées intrinsèquement ou s'imbriquent dans une relation de cause à effet. Le génocide fut la stratégie conçue et élaborée par le régime de Trujillo pour *dominicaniser* ou blanchir la frontière et les villes frontalières en les débarrassant de la présence des Haïtiens. L'expérience historique identitaire de la nation dominicaine, dans sa logique de *double insularité* qu'elle partage avec Haïti, s'avère pratique à la compréhension du rapport de causalité entre narration et nation illustrée par Homi K. Bhabha dans son livre éponyme *Narration and Nation*.

Aborder les rapports de frontière, qu'il s'agisse des textes historiques ou fictionnels, fait toujours intervenir sans le vouloir la question du *même* et de *l'autre*. Se basant sur les travaux théoriques de Benedict Anderson (*Imagined Communities*), Bhabha définit la nation comme une forme d'élaboration culturelle, une agence de narration ambivalente qui détient la culture à sa position la plus productive, comme une force de subordination, de rupture, de diffusion, de reproduction, autant que pour produire, créer, forcer, guider. Pour Bhabha, l'*Autre* n'est jamais en dehors ou au-delà de nous; il ressort avec force, dans le discours culturel, lors même nous pensons que nous parlons le plus intimement et localement entre nous (4). Cette dialectique va prendre son point d'ancrage avec les politiques d'épuration ethnique des frontières dominicaines. Il s'ensuit que Trujillo accédait au pouvoir en 1931 soit moins de deux décennies après que la République dominicaine entrait dans la dernière phase de la consolidation de sa frontière internationale (1865-1915). Cette phase fut celle, comme le géographe Jean-Marie Théodat le suggère, « des mutations décisives qui ont pour longtemps séparé les deux pays et déterminé une évolution distincte en deux nations » (11).

Cela dit, ces trois romans haïtiens choisis, sans égard à leur date de production, constituent des fictions de fondation et représentent une phase à l'intérieur d'une généalogie du discours littéraire haïtiano-dominicain (Strongman, 22). Cependant, une lecture soutenue de ces textes, bien qu'ils posent les enjeux dans une approche traditionnelle binaire, établit en même temps des balises pour un renouveau qui prendrait en compte une perspective caribéenne en fonction de la nécessaire coopération régionale dans le domaine de l'intégration de la frontière.

Compère Général Soleil, texte avant-gardiste, fut le premier récit fictionnel haïtien à remettre les pendules à l'heure en offrant un contre-discours à l'élément hispano-centrique du discours trujilliste qui présente Haïti, pour reprendre Strongman, comme une vieille intrusion dans les Amériques (27). Contrairement à Philoctète et Danticat, Alexis conteste cette prémisse en incorporant la République Dominicaine dans son récit en tant qu'accessoire, ou incursion passagère, mais pas comme l'intrigue principale puisque l'univers de l'histoire (la diégèse selon Genette) se passe à Port-au-Prince, donc Haïti comme tenant et aboutissant (point de départ et point d'arrivée) du récit. Alexis présente le passage de la frontière dominicaine du couple Hilarion et Claire-Heureuse comme un incident temporaire, une place secondaire dans la situation géographique du roman (Strongman, 27). L'idéologie véhiculée par le régime de Trujillo, perpétrée ultérieurement et illustrée dans bon nombre de récits fictionnels dominicains sur les Haïtiens, s'est appuyée sur une vieille conception de l'histoire qui considérait le peuplement français à Saint-Domingue comme un vol historique. L'extension de cette vision, et alimentée par la question de couleur, fait de la présence des Haïtiens dans les régions frontalières un sérieux problème de sécurité nationale. D'où la politique nationaliste de Trujillo, de Balaguer et de leurs successeurs de se débarrasser des Haïtiens en limitant leur présence par des stratégies migratoires favorisant la *lactification* de la nation dominicaine.

Comme Philoctète et Danticat, Alexis situe le vécu des Haïtiens au centre de son récit. Ce faisant, ils s'élèvent contre le discours raciste en restituant leur humanité. Ils mettent l'emphase sur la subjectivité de leurs personnages que l'idéologie hégémonique dominicaine a longtemps niée. Ce qui est toutefois particulier à Alexis c'est, contrairement aux deux autres auteurs, qu'il gomme complètement la question de couleur ou la race dans le traitement qu'il fait de l'incursion de la République Dominicaine dans son récit. Alors qu'il élude démesurément cette question dans son analyse de classe qu'il fait de la société haïtienne, en montrant le fossé abyssal entre nègres et mulâtres : « Moi je vous dis, il faut en finir avec les mulâtres, ces gens-là nous prennent toutes les places sous le nez », « Nous autres noirs, nous nous mangeons les dents ». « Voilà trois ans que je n'ai pas de place, rien ». « Il est temps d'agir, il est largement temps ». De même, par son insistance à souligner l'origine sociale de ses protagonistes, des notables de la haute bourgeoisie haïtienne : le communiste mulâtre Pierre Roumel, Mme Joinville, Mme Borkman, la mulâtresse très claire. Sur la résilience des nègres (Alexis 133), maître Jérôme Paturault, mauvais grimaud et la haine héréditaire de sa femme pour les gens ordinaires (188).

Fin observateur des inégalités sociales de son temps, Alexis fait une digression de sa grille marxiste d'alors pour mettre en exergue la couleur de peau de ses protagonistes et montrer, du même coup, la corrélation entre paupérisation et peau foncée dans la société de l'époque qui n'accordait presque aucune mobilité sociale pour la majorité noire souffrante.

Mais l'illégalité relative du couple Hilarion-Claire-Heureuse et le dénouement tragique de leur destin qui s'ensuit ne s'expliquent qu'en termes de rapport de classe et non de race comme contre-discours à l'idéologie raciste du discours littéraire dominicain visant à opposer ces deux nations. Il déculpabilise le peuple dominicain de quelque implication au massacre des Haïtiens. Il impute la responsabilité à l'armée et appelle plutôt à la solidarité de ces deux peuples, victimes des rapaces de leurs gouvernements corrompus.

Compère Général Soleil est une ode à la vie des gens ordinaires abêtis par la misère quotidienne et aussi à la solidarité des deux peuples des frontières liés par des destins communs. Mieux qu'un espace antagonique, porteur de violence et de conflit de longue durée, Alexis appose un lieu de partage, d'entraide, de coopération entre deux nations sœurs qui s'ignorent. Il prend donc compte de cette dynamique de cultures hybrides qui jalonnent les côtes frontalières. En ce sens, Alexis a raison de souligner le côté insolite de cette région en ces termes :

> Les Haïtiens y restaient bien haïtiens, ils pensaient toujours à la patrie lointaine, mais ils n'étaient plus les mêmes. Ils avaient une façon de concevoir les choses, des gestes et des manières de faire particuliers. Les autres habitants de cette région n'étaient pas non plus comme les autres Dominicains. Ils parlaient un langage où le créole haïtien se mêlait au parler dominicain. Certains chants et certaines danses étaient presque les mêmes qu'en Haïti. Ici se mélangeaient deux cultures nationales. Qui sait ce que réserve l'avenir ? Ces deux nations étaient sœurs. Ce que n'avaient pu faire toutes les guerres d'autrefois, ce que ne pourraient jamais faire la contrainte et la violence, peut-être que la vie le ferait. Quelque chose se nouait ici, par le travail, les chants, par les joies et les peines communs, qui finirait par faire un seul cœur et une seule âme à deux peuples enchaînés aux mêmes servitudes (262).

Cet extrait aide à appréhender de façon pratique ce que Draga-Alexandru appelle déplacement psychologique du migrant qui transfère ses *us* et *coutumes* au nouveau territoire. Nulle part dans l'univers du récit, Alexis ne cherche à faire comprendre le génocide haïtien par un certain racisme trujilliste ou dominicain en général. Il se focalise plutôt sur les conditions concrètes d'existence qui assujettissent les peuples des deux pays à des régimes totalitaires. Sa grille d'analyse des conflits est le matérialisme historique qui considère la lutte des classes comme moteur de l'histoire. Produit de son temps où le marxisme prenait son envol, Alexis fait appel à l'union et à la solidarité du prolétariat international comme front commun aux exactions du capitalisme en vue de transformer les conditions de vie des deux peuples. Donc, « les conflits entre Dominicains et Haïtiens sont le résultat des processus historiques entre ces deux nations qui, en plus de vivre sur la même île, partagent des traditions, des croyances et des éléments d'histoire » (Elissa L. Lister, 75).

Par ailleurs, Le peuple des terres mêlées[2] aide à rompre avec la notion de la double insularité qui a longtemps empoisonné les promesses d'une relation conviviale entre les deux peuples frères (Wattara 95). La poétique de Philoctète est porteuse d'une vision nouvelle qui transcende les suspicions et animosités mutuelles sur fond de préjugés de race dont se nourrit le concept de la double insularité. Le PDTM se fait l'écho à la fois de l'histoire des mythes et croyances populaires haïtiennes en les juxtaposant avec la mémoire du nazisme pour faire le récit des vêpres dominicaines (95). Les théories glissantiennes de relation trouvent leur application[3] dans le récit de Philoctète dans le sens qu'il s'apparente au roman de l'implication faisant revivre les tourmentes de l'histoire dans le souci d'une véritable relation entre deux nations sœurs. Le PDTM superpose la frontière à la plantation pour en faire un espace fécond de créolisation sur fond de relation (Wattara, 97).

En se référant à la poétique du Tout-monde, Jean-Claude Fignolé[4] a bien raison de réduire les préoccupations de Philoctète dans son roman à une seule question : « Deux nations, une île! Et pourquoi pas un seul peuple? » C'est cette question, nous dit-il, qui est posée à travers l'histoire d'amour entre une paysanne haïtienne, Adèle, et un ouvrier dominicain, Pedro. Philoctète montre comment l'histoire a été manipulée et réécrite par le dictateur et qui, dans sa folie débilitante, brise les rêves et les cœurs. Il nous convie à une poétique de l'espoir par-delà les souffrances du massacre, la folie d'Adèle et les peines de Pedro. Mais cette poétique de Philoctète est loin d'être complaisante, quand bien même elle parle *le langage de la dignité du peuple haïtien* (L. Trouillot[5]).

---

2. Ci-après PDTM
3. Voir Discours antillais en particulier où Édouard Glissant parle de roman de l'implication, p. 267.
4. Voir les commentaires de l'auteur sur la quatrième page de couverture de l'édition H. Deschamps (1989).
5. Voir l'introduction écrite par Lyonel Trouillot de l'édition anglaise sous le titre *Massacre River*, pp.11-16.

Philoctète, sans détour et sans ambages, nous plonge dans un récit de l'horreur du massacre en proposant, parmi les hypothèses existantes, celle selon laquelle Trujillo entretenait une haine viscérale envers Haïti depuis son jeune âge par les récits populaires. Fasciné alors par la Citadelle Henri, il voulait en prendre possession. Le narrateur déclare :

> La citadelle s'enracinait de plus en plus dans sa mémoire. C'est que Rafaelito n'avait pas encore dix ans que les mémés coiffées de leur mantille noire racontaient au coin des rues de Santo-Domingo. Le plus souvent, l'enfant interprétait les événements, jugeait les personnages, selon le rythme, les couleurs de la narration (Philoctète, 23).

La théorie du récit de Philoctète se construit autour de cette hypothèse à l'explication du génocide des Haïtiens planifié et exécuté par les pogroms de Trujillo. Haïti était devenue pour le jeune Trujillo un adversaire dogmatique et la citadelle, son fantasme (24). La fraternité dont l'auteur rêve et qu'il promeut paraît presque impossible dans la mesure où elle flirte de tout bord avec l'appareil génocidaire du pouvoir. Philoctète déplore et dénonce le silence général et la complicité de tous les secteurs du pays sur le génocide :

> Tout y est pour la gloire de Trujillo. Adèle n'a pas tort. Non ! C'est la mue sauvage. Tous sur la place : besogneux, professionnels, autorités civiles, militaires, religieuses, cadres supérieurs, enfants, parents, domestiques. Participation massive, totale, directe. Acceptation inconditionnelle d'un état de choses, d'un ordre d'idées. D'esprit. Les micros grésillent. On se presse sous une même carapace. On s'accorde aux crocs des mots. La rareté affecte l'abondance. La liberté s'offre des chaînes. La fraternité pactise avec le génocide. On se félicite. On s'embrasse. On se dorlote. On est du même bord. Rats on se fera, si coule le bateau. On n'est pas différent l'un l'autre. On accepte le poil de la bête. L'agneau hurle ? Le loup bêle ? On est ensemble sous l'une ou l'autre peau. Indifféremment! A l'aise ! L'un ne redresse pas l'autre. On devient tous. On s'empiffre de lieux

communs. De discours en applaudissements on se parachève, on se parfait. C'est la mue. C'est la mue collective ! Moi, Pedro Brito, je refuse de m'incorporer. Il faut que tout devienne normal, humain. Qu'on arrête le cauchemar. On ne s'attaque pas impunément à Monsieur le président, je sais [...]. Il faut barrer la route à la machine (26).

Le massacre résulte de tout un programme mis à exécution par toutes les sphères du pouvoir, on s'ingénue à faire même les décomptes. L'accumulation des têtes haïtiennes sur les ondes de la radio dominicaine devient une litote (Wattara, 55) [le fait de dire moins pour dire beaucoup]. Elle constitue la mise en abîme par excellence de l'écriture du roman (55). Donc, l'attitude passive et indifférente du peuple dominicain se contraste avec la voix singulière de Pedro qui s'élève pour dénoncer la furie de la bête, cet oiseau-monstre qui survole et ravage tout sur son passage dans le ciel d'Elias Piña, petite ville frontalière dominicaine. Pedro symbolise la rareté dont parle Philoctète.

Le portrait psychanalytique du dictateur que nous dresse Philoctète dans son obsession de prendre possession de la Citadelle Henri s'inscrit dans des velléités nationalistes visant à se réapproprier des territoires haïtiens sur les frontières selon des contentieux historiques de longue durée et ce, depuis le traité d'Aranjuez conclu en 1777 entre la France et l'Espagne, jusqu'aux différentes campagnes de l'Est menées par les chefs d'État haïtiens (Toussaint, Dessalines, Boyer, Soulouque). D'où un esprit de revanche chez les chefs dominicains qui mobilisent tous les appareils idéologiques d'État à exalter l'esprit nationaliste et à entretenir les consciences. Cet état d'esprit, illustré par Philoctète, provoque un contentieux frontalier chronique ou épisodique entre les deux républiques (24). Par ailleurs, si la possession rêvée de Trujillo de la Citadelle s'éloignait de plus en plus, il parvenait toutefois à maintenir et à faire perdurer le mythe, celui du « blanco de la tierra » contre ce que Philoctète appelle le syndrome du miroir, cette folie collective :

> Quatorze Dominicains sur quinze, chaque jour, durant des heures, consultaient les miroirs. Ils s'examinaient, s'inventoriaient. Celui qui se voyait brun clair, brun entre les deux, pouvait respirer; il répondait au critère anthropologico-trujilliste; il était blanco de la tierra. Ou très proche.

Apte aux promotions sociales. Mais celui qui se découvrait noir tout entier, à demi, au tiers, au quart, s'inquiétait pour de bon. Il était destiné à souffrir (70).

Cependant, cette identité-miroir faisait douter totalement de soi, de sa spécificité, de ses racines, rappelle Philoctète. La machine identitaire du pouvoir ou le racisme de Trujillo rendait pendant longtemps le joyeux peuple dominicain spectral, genre fantôme, zombi (72).

Par ailleurs, s'il y a un fil conducteur qui relie ces trois textes tant dans leur orientation idéologique que dans le contenu narratif, *The Farming of Bones* propose une vision féminine[6] de la représentation littéraire de ces deux aspects du conflit à travers Amabelle dont le point de vue oriente la perspective narrative (Genette, 203). Le choix esthétique est conscient parce qu'Amabelle en tant que narratrice homodiégétique raconte et participe à l'action du récit. Le roman de Danticat témoigne d'une réussite d'écriture, relève d'une esthétique narrative qui invite à penser le travail de mémoire. Danticat nous place à la frontière de la mémoire littéraire et la mémoire historique. Ce faisant, elle nous convie à une dynamique de l'oubli et du souvenir. Le massacre de 1937 et les conditions du *crossing in* et *crossing back* de la frontière sont traités de façon à sauvegarder la mémoire de ces événements contre le pouvoir mortifère de l'oubli. Amabelle rapporte et je cite :

> *It is perhaps the great discomfort of those trying to silence the world to discover that we have voices sealed in our heads, voices that with each passing day, grow even louder than the clamor of the world outside. The slaughter is the only thing that is mine enough to pass on. All I want to do is find a place to lay it down now and again, a safe nest where it will neither be scattered by the winds, nor remain forever buried beneath the sod. I just need to lay it down sometimes. Even in the rare silence of the night, with no faces around (Danticat, 266).*

C'est peut-être le grand malaise de ceux qui essaient d'imposer un silence au monde pour découvrir que nous avons des

---

6. Lucienne J. Serrano préfère parler de présence féminine extrêmement forte et originale à défaut de caractériser ces écrits de femmes de féministes dans Intention d'écriture dans *Amour, Colère et Folie* de Marie Chauvet (162).

voix scellées dans nos têtes, des voix, qu'à chaque jour qui passe, croissent encore plus fort que la clameur du monde extérieur. L'abattage est la seule chose qui soit mienne pour transmettre suffisamment. Tout ce que je veux faire est de trouver un endroit pour poser maintenant et encore une fois, un coffre nid où il ne sera ni dispersé par les vents, ni resté à jamais enfoui sous le gazon. J'ai simplement besoin de le transmettre parfois. Même dans les rares silences de la nuit, sans visages autour (TDR).

Les thématiques de l'oubli et du devoir de se souvenir sont très récurrentes dans le récit de Danticat. Elle assigne au père Romain, le prête qui travaille avec les Haïtiens dans une des régions frontalières, le rôle de dépositaire de la mémoire. Le narrateur rapporte :

> *« In his sermon to the Haitian congregants of the valley he often reminded everyone of common ties : language, foods, history, how remembering –though sometimes painful – can make you strong » (73).*

> Dans son sermon aux congrégations haïtiennes de la vallée, il a souvent rappelé à chacun des liens communs : langue, nourriture, histoire, comment se souvenir - bien que parfois douloureux - peut vous rendre fort (TDR).

Il y a chez Danticat une volonté avouée de souligner ici l'obligation de se souvenir et de lutter contre le grand effacement. Elle met en filigrane ces milliers de morts anonymes du massacre dont leur seule faiblesse impardonnable est leur absence et leur silence (279). *The Farming of Bones* se veut un garde-fou, un rempart contre l'évanescence de la mémoire collective, de ce tragique événement vécu par les Haïtiens sous le gouvernement de Trujillo. Danticat situe son récit au-delà de 1937 pour montrer l'inscription du drame et ses répercussions les plus désastreuses dans le temps long, donc dans la

---

7. Bien que le prête lui-même ait vécu les exactions génocidaires du régime par l'emprisonnement au cours duquel il a été l'objet d'un lavage de cerveau. À sa sortie de prison, il n'est plus lui-même et devient indifférent à tout. Contraint de quitter la République Dominicaine, il sombre dans la démence et l'oubli des actes du pouvoir.

mémoire historique. C'est dans ce sens qu'il faut comprendre ce récit du génocide comme une fonction de mémorialisation et de mythologisation de ce qui s'est passé. Le récit de vie de ceux qui ont survécu au massacre est encore plus néfaste ou dramatique dans la mesure où ces Haïtiens qui ont pu réussir à s'échapper des vêpres dominicaines ne trouvent pas l'assistance, l'aide ou l'encadrement nécessaire à leur retour au pays. C'est ce que nous inspirent les pérégrinations d'Amabelle et d'Yves dont leur vie est amputée et dépourvue de sens après avoir traversé la frontière dominicaine pour rejoindre le côté haïtien. La posture post-génocide de la narration atteste le silence de l'État haïtien dans son délaissement des victimes, l'abandon ou l'indifférence que leur montre leur propre gouvernement. Danticat n'absout point le gouvernement de Sténio Vincent de sa participation implicite au massacre par les accords de commerce illicite des coupeurs de canne avec Trujillo et la relégation explicite du génocide dans l'oubli par le silence. C'est avec raison qu'un protagoniste s'exprime en ces termes pour exprimer son mécontentement de l'attitude de Vincent :

> *When Dessalines, Toussaint, Henry, when those men walked the earth, we were a strong nation. Those men would go to war to defend our blood. In all this, our so-called president says nothing, our papa Vincent- our poet- he says nothing at all to this affront to the children of Dessalines, the children of Toussaint, the children of Henry; he shouts nothing across this river of our blood* (212).

> Lorsque Dessalines, Toussaint, Henry, lorsque ces hommes étaient parmi nous sur la terre, nous avons été une nation forte. Ces hommes iraient en guerre pour défendre notre sang. Dans tout cela, notre soi-disant président ne dit rien, notre papa Vincent - notre poète- il ne dit rien du tout à cet affront aux enfants de Dessalines, aux enfants de Toussaint, aux enfants de Henry; il crie rien sur la rivière de notre sang (TDR).

Cette critique ouverte de l'État haïtien est le propre des trois romanciers pour mettre en exergue la double tragédie à laquelle les survivants du génocide avaient à faire face. Amabelle raconte dans son rêve avec Sébastien, l'amant qui n'a pas survécu au carnage de Tujillo :

> *The slaughter showed me that life can be a strange gift, I say. Breath, like glass is always in danger. I chose a living because I am not brave. It takes patience, you used to say, to raise a setting sun. Two mountains can never meet, but perhaps you and I can meet again. I am coming to your waterfall* (283).

> L'abattage m'a montré que la vie peut être un étrange cadeau, dis-je. Respirer, comme un verre, est toujours en péril. J'ai choisi de vivre parce que je ne suis pas courageuse. Ça prend de la patience, tu as l'habitude de dire, pour contempler un coucher du soleil. Deux montagnes peuvent ne jamais se rencontrer, mais peut-être toi et moi pouvons-nous rencontrer à nouveau. Je viendrai à ta cascade (TDR).

Par ailleurs, ces trois romans, dans leur récit du vécu haïtien du massacre de 1937, doivent être appréhendés comme une remise en question du déni de subjectivité que l'idéologie raciste du régime de Trujillo projette sur les sujets ou les corps haïtiens, qu'ils soient mâles ou femelles via la représentation de ces êtres comme espaces négatifs qui volent perpétuellement pour remplir leur vide, porteurs d'impureté, d'hypersexualité, de sur-reproduction, de l'inceste et de la maladie (Strongman, 34).

La perspective des romanciers haïtiens s'explique par les différences de genre, de temps et d'espace, alors que celle des écrivains dominicains porte sur la disculpation (l'exonération) du peuple dominicain des événements du massacre en (se) focalisant sur le rôle des citoyens dominicains à protéger les Haïtiens durant le massacre, soit en les cachant soit en les aidant à s'échapper (35). Les auteurs dominicains visent pour ainsi dire à mettre paradoxalement en exergue la démonisation des Haïtiens et la dominicanisation de la frontière. Ils cherchent surtout à montrer que les actions de Trujillo sont indépendantes et séparées de la volonté du peuple dominicain. Alexis, Philoctète et Danticat cherchent, dans une moindre mesure à s'attaquer à une vieille vision qui tend à faire croire que les deux pays sont condamnés à être des ennemis. C'est ce que Samuel Martinez, entre autres, en se basant sur les assertions ou prémisses de Michele Wucker dans *Why the Cocks Fight : Dominicans, Haitians, and the Struggle for Hispaniola*, qualifie de « Fatal-Conflict Model ». Selon Martinez, les trois prémisses identifiables de ce modèle peuvent se résumer ainsi :

> 1) Chaque pays est condamné à voir en l'autre sa némésis (son ennemi) principale
>
> 2) Les deux nations sont engagées dans un conflit total :
>
> > a) Entre les gens de tous les niveaux de statut;
> >
> > b) Les instances de coopération ou de compréhension mutuelles entre Haïtiens et Dominicains sont rares et peut-être non-existantes;
> >
> > c) Ce qui est en jeu c'est le contrôle de l'île d'Hispaniola;
>
> 3) La lutte pour le contrôle/la domination est si puissante et élevée que le conflit devient fatal (Martinez, 81).

Ce modèle du conflit fatal constitue selon la critique des distractions qui cachent les vrais enjeux du problème, à savoir l'immigration qui arrive d'Haïti et les parties principales au conflit qui sont la grande masse d'immigrants et leurs défenseurs; les Dominicains et l'international par opposition aux tenants du pouvoir politique qui ont un intérêt à faire de l'immigration non contrôlée un problème, ainsi que les tenants du pouvoir économique qui souhaitent maintenir davantage une main-d'œuvre haïtienne bon marché et facilement disciplinée. Martinez soutient que le *Fatal-Conflict model* nous distrait de ces questions à travers sa focalisation accentuée sur les instances de conflit du passé et les différences culturelles entre les deux pays (Martinez, 83).

---

8. Voir son article, *Not a Cockfight : Rethinking Haitian-Dominican Relations*. Prière de vous référer à la section Travaux cités du présent texte pour la référence complète de cet article. L'auteur offre une sérieuse analyse sur les relations haïtiano-dominicaines. Le texte de Martinez est éclairant sur plusieurs fronts, surtout sur les emprunts et influences réciproques des deux peuples au niveau du folklore et de la culture populaire. En ce qui concerne l'historiographie dominicaine sur l'anti-haïtianisme, je partage sa position sur le fait que même les historiens dominicains les plus progressistes ont tendance à présenter les racines historiques du conflit sous le seul angle de l'idéologie raciste. J'adhère sans ambages à sa conceptualisation du "Fatal Conflict Model" qui semble prévaloir dans les études haïtiano-dominicaines depuis et après Trujillo. Sur ce plan, il rejoint l'analyse de Price Mars pour ce qui est des caractères bienfaiteurs et bénéfiques de l'occupation haïtienne de la partie est de l'ile.

Compère Général Soleil et *Le peuple des terres mêlées*, plus particulièrement, sont des textes-phares puisqu'ils refusent explicitement cette fixité que propose la binarité du modèle conflit fatal en militant pour une coopération des deux peuples de la frontière, pour une solidarité, une convivialité des deux nations sœurs liées par un même destin qui promouvrait une culture et un langage hybrides. Cet appel à la collaboration des deux peuples a toujours existé contrairement à ce que préconise le *Fatal-Conflict model*, que ce soit dans l'intermariage, le folklore, la religion, les pratiques de travail, etc. Car tel que l'indique un sondage : Plus les Dominicains interagissent avec les Haïtiens comme voisins et co-travailleurs, moins ils développeront des sentiments anti-Haïtiens (89).

D'autre part, Strongman a largement raison de rappeler que la tradition littéraire des romans sur les relations haïtiano-dominicaines a fait du massacre le point central de l'histoire et cet incident comme point de départ des récits des romanciers. À l'instar du nouveau mouvement littéraire pan-Caraïbe en langue espagnole, qui est très proche de la Créolité, une sorte de confédération caribéenne est proposée pour fournir une alternative au débat obsolète qui résulte de ces questions formulées en des termes binaires. C'est le cas de deux écrivains pan-caribéens, Mayra Montero et Ana Lydia Vega qui se proposent de rompre avec le massacre de 1937 comme point de départ pour mieux élucider la complexité des dynamiques politiques de l'île. Dans « Encancaranublado », rapporté et résumé par Strongman, Ana Lydia Vega déplace le site de contestation des problèmes de l'île de la frontière à un radeau en partant d'Haïti vers la Floride. L'Haïtien qui voyage seul au départ est dérangé par l'ajout régulier de nouveaux-venus qui remplissent l'espace déjà insuffisant, consomment et réduisent ses provisions. À la base du récit, s'ajoute une boutade connue en espagnol et qui, dans sa forme caricaturale, prévoit que les différentes nationalités se comportent conformément à leurs stéréotypes ridicules et prévisibles. Le premier passant à s'embarquer dans l'équipage du radeau est un Dominicain. Une certaine solidarité commence à s'établir entre les deux au-delà de leur dispute, conflit habituel. Ce lien, qui se traduit dans leur effort de transcender les barrières de langues espagnole et créole, disparaît brusquement à l'arrivée d'un Cubain qui se solidarise avec le Dominicain à l'encontre de l'Haïtien. La discorde et la réactualisation des haines historiques de longue durée entre les protagonistes contribuent au naufrage du radeau. Malgré les frictions de survie entre ces trois antillais noirs de nationalité différente, ils ont pu arriver en Floride où un Portoricain sert d'interprète au capitaine blanc américain d'un navire qui les intercepte et les prend en charge en assignant à chacun d'eux un poste de cuisinier.

De ce qui précède, Lydia Vega pose en filigrane toute la problématique de la négritude, comme le fait remarquer Strongman, en montrant à contrario l'échec de la solidarité raciale et ethnique (41). Quant au rôle joué par l'impérialisme américain, c'est l'issue du récit qui met en évidence le poids de l'élément exogène commun aux trois rescapés; celui de l'hégémonie des États-Unis sur la région et la soumission de celle-ci (Lister, 108).

Si Ana Lydia Vega, auteure de nationalité portoricaine, propose de transcender la territorialité du conflit haïtiano-dominicain pour le faire appréhender mieux qu'au niveau global que local ou personnel, une autre romancière cubano-portoricaine, Mayra Montero, réactualise la spiritualité africaine des deux peuples en misant sur une version du vodou en République Dominicaine qu'est le Gagá. Dans son roman *Del Rojo de su Sombra*[9], il est rapporté qu'elle cherche à souligner la centralité de la religion afro-caribéenne comme porteuse d'espoir et d'humanité, en tant qu'elle constitue un élément fondamental dans cette unité caribéenne à (faire) émerger. L'originalité de Montero est qu'elle repense le syncrétisme caribéen non en termes d'hybridité métropole-colonie, mais suivant un modèle sud-sud, entre deux peuples anciennement colonisés. C'est ce que dénote le Gagá pour paraphraser Strongman (41).

Par ailleurs, un nombre non négligeable d'auteurs[10] proposent de miser sur

---

9. Les lecteurs francophones peuvent se référer à l'ouvrage bilingue d'Elissa L. Lister, *Le conflit haïtiano-dominicain dans la littérature caribéenne*, paru aux Éditions C3 pour une synthèse-analyse de ce roman. Elle y décrit les conditions inhumaines de paupérisation des Haïtiens dans les *bateys* en République Dominicaine, les préjugés et méfiance réciproques entre les deux communautés et l'héritage africain comme facteur d'unification mieux que de répulsion.

10. À ce titre, il faut louer, entre autres, les travaux des jeunes auteures dominicaines comme Alanna Lockward pour ses deux livres sur les deux îles sœurs : *Marassá y la Nada* (Santuario 2013) et *Un Haiti Dominicano: Tatuajes fantasmas y narrativas bilaterales* (1994-2014). Le premier peut être considéré comme un roman ou une collection de nouvelles qui transcende les vieux paradigmes pour montrer à travers l'histoire tragique de deux sœurs (Laura et Mara) le destin commun et ultime des deux républiques. Le texte est une poétique de l'altérité ou de la dialectique du même et de l'autre. La mort de Laura à Paris entraînant indubitablement celle de Mara à Santo-Domingo est une puissante allégorie au vécu relationnel des deux républiques sœurs. La fiction de Lockward en est une d'enquête en ce qu'elle recherche les traces de sa propre histoire à travers ses voyages d'exploration en Haïti pour poétiser l'opacité ou la densité de l'autre, selon le dire de Glissant, à laquelle chaque protagoniste doit faire face. Je me suis

les relations de cordialité, de convivialité et de bon ménage entre les deux peuples telles que mises en exergue dans les trois récits de fiction d'Alexis, de Philoctète et de Danticat respectivement. C'est le cas par exemple de Martinez qui invite à repenser les pratiques culturelles, religieuses et linguistiques communes aux deux peuples vers une politique réelle d'intégration. *Le peuple des terres mêlées,* en particulier et en tant que puissant aphorisme, témoigne de cette plaidoirie pour une possible unité ou volonté de vivre-ensemble des deux peuples des frontières ou des deux îles.

Sur les traces d'Alexis, de Philoctète et de Danticat, il est à souhaiter que de jeunes romanciers haïtiens rejoignent, dans leur narration du conflit haïtiano-dominicain, le mouvement littéraire pan-caribéen tel que traduit dans les fictions de Vega et de Montero en dépassant les approches binaires tradition-nelles vers une contextualisation plus englobante. C'est cette perspective qui est absente dans la tradition littéraire haïtienne du conflit, et qui mérite d'être repensée afin de prendre compte de toute la complexité des relations entre les deux nations sœurs dans le contexte de l'économie-monde et du racisme

---

basé essentiellement de l'analyse critique (Allegory of a Tormented Sisterhood) de ma collègue Sophie Mariñez du texte de Lockward qui peut être lue intégralement (de l'espagnol vers l'anglais) via le lien suivant : https://alannalockward.wordpress.com/2013/08/20/my-short-novel/. Tandis que *Un Haiti Dominicano* se veut une compilation des recherches d'enquête de l'auteure sur l'histoire et les défis immédiats des deux îles sœurs d'après son éditeur Santuario. Mariñez, pour sa part, explore cette thématique de solidarité et d'interdépendance relationnelles entre la République Dominicaine et Haïti dans un article à paraître cette année sous le titre : *Alegorías de una hermandad atormentada : construcciones alternas de Haití en la literatura dominicana contemporánea* Revista Memorias, Universidad de Barranquilla, Colombia. Pour des travaux supplémentaires d'autres jeunes chercheurs dominicains qui s'inscrivent dans ce nouveau dynamisme, relatif au dépassement du modèle du conflit fatal et de sa déterritorialisation, voir l'article de Conrad M. James « Fictions of Sex, Fear and Loathing in the Caribbean: Revisiting the Haitian/dominican Borderland ». Il faut absolument mentionner les travaux de recherche de la Portoricaine Yadira Perez qui a soutenu une thèse de doctorat en 2009 sur les questions de race, de nation en tant que construction sociale, de l'immigration et du blanchissage de la République Dominicaine comme l'indique le titre de sa dissertation : « Blanqueamiento in Paradise : Nation-building, Immigration and Whiteness in the Dominican Republic ». Dans une conférence qu'elle a prononcée l'année dernière au Graduate Center (CUNY) à New York sous le thème « Aménagement du paysage racial de la frontière : fortification physique et discursive de la terre et de l'espace en RD », elle démontre avec brio l'importance de décentrer le conflit au seul pourtour de l'île pour le situer dans le cadre du racisme global, la coopération explicite des idéologues du racisme international avec le régime trujilliste et les tentatives d'éradication de la menace de la noirceur haïtienne des villes frontalières par les politiques d'immigration européenne ou asiatique.

global. Le défi incombe aux jeunes écrivains de réinventer l'avenir par le moyen du langage de la vie tel qu'anticipait Alexis pour la survie bilatérale des deux peuples ou mieux, pour reprendre l'utopie de référence de Philoctète, du peuple des terres mêlées.

Claudy DELNÉ, PhD.

Bibliographie

ALEXIS, Jacques Stéphen, *Compère Général Soleil*, Paris : Gallimard, 1955.

BHABHA, Homi K., *Nation and Narration*, London : Routledge, 2007.

CONRAD, M. James, « Fictions of Sex, Fear and Loathing in the Caribbean: Revisiting the Haitian/dominican Borderland », *Culture & History Digital Journal*, vol. 2.1, 2013.

DANTICAT, Edwidge, *The Farming of Bones: A Novel*, New York : Penguin Books, 1999.

LISTER, Elissa L., *Le conflit haïtiano-dominicain dans la littérature caribéenne*, Pétion-Ville : C3 éditions, 2013.

MARTINEZ, Samuel, « Not a Cockfight: Rethinking Haitian-Dominican Relations ». *Latin American Perspectives*, vol. 30.3, 2003 pp. 80-101.

PEREZ, Yadira, *Blanqueamiento in Paradise: Nation-building, Immigration and Whiteness in the Dominican Republic*, Diss. University of Virginia, 2009.

PHILOCTÈTE, René, *Le Peuple Des Terres Mêlées*, Port-au-Prince : Henri Deschamps, 1989.

PHILOCTÈTE, René, and COVERDALE Linda, *Massacre River*, New York : New Directions, 2005.

SCANLON, Julie, AMY Waste, TERRY Eagleton, SALLY Shuttleworth, *Crossing Boundaries: Thinking Through Literature*, Sheffield, England : Sheffield Academic Press, 2001.

SERRANO, Lucienne J., « Intention d'écriture dans Amour, Colère et Folie de Marie Chauvet », *Écrivaines françaises et francophones*, 1997, pp. 162-168.

STRONGMAN, Roberto, « Reading through the Bloody Borderlands of Hispaniola : Fictionalizing the 1937 Massacre of Haitian Sugercane Workers in the Dominican Republic », *Journal of Haitian Studies*, vol. 12.2, Berkeley : The Center for Black Studies, University of California, 2006, pp. 21-46.

THÉODAT, Jean-Marie, *Haïti République dominicaine : une île pour deux 1804-1916*, Paris : Karthala, 2003.

WATTARA, Mamadou, « Le Peuple Des Terres Mélées de René Philoctète : Dire L'histoire Par la Parole Baroque », *Journal of Haitian Studies*, vol. 17.2, Berkeley : The Center for Black Studies, University of California, 2011, pp. 94-112.
5.

Pour citer cet article :

Claudy DELNÉ, « Réévaluer la représentation littéraire de la migration haïtienne en Républicaine dominicaine et le massacre des Haïtiens de 1937 chez Jacques Stephen Alexis, René Philoctète et Edwidge Danticat ». *Revue Legs et Littérature*, 2015 | no. 5, pages 15-34.

Écrire les frontières, réduire la distance. Des traces de l'ici et de l'ailleurs dans les récits haïtiens du 20ème siècle

Dieulermesson Petit Frère est professeur au département de Communication à l'Université de Port-au-Prince. Après des études de Lettres Modernes à l'École Normale Supérieure, il a reçu un diplôme en Sciences du Langage et de la Communication à l'Université Rouen et une maîtrise en Lettres à l'Université des Antilles et de la Guyane. Détenteur également d'un diplôme d'Université en Conception et élaboration de curriculum de l'Université catholique d'Uruguay, éditeur et critique littéraire, il est l'auteur de : Rêves errants (2012), Romances du levant (2013) et 50 livres haïtiens cultes qu'il faut avoir lus dans sa vie (2014).

Résumé

Notre propos se donne pour objet de visiter une bonne dizaine de récits (romans, nouvelles) d'auteurs haïtiens (femmes et hommes), émigrés, exilés ou vivant en Haïti et évoquer les correspondances à établir entre les diverses raisons qui poussent tel héros à quitter son village pour l'ailleurs et voir ce qu'il advienne de ce départ tout au moins forcé. Il s'agira par la suite de confronter les différentes situations et dire s'il est possible d'inscrire ces scénarii dans un quelconque esprit de marronnage ou d'une tentative de démission. En dernier lieu, nous essaierons de dégager les logiques liées aux hantises du retour tout en suivant l'itinéraire de ces voyageurs livrés au désespoir à la vue d'un pays rongé par la misère.

Le contexte politique des années 1960-70 –période qui renvoie aux premiers temps de la dictature de Papa Doc– a largement dominé la production littéraire haïtienne des quarante dernières années. Outre l'existence d'une nouvelle communauté –la diaspora– créée en terre étrangère, par la force des choses, une nouvelle littérature a aussi émergé. Cette littérature qualifiée de « littérature haïtienne de la diaspora[1] » par Pierre-Raymond Dumas qui a même

---

1. Voir Pierre-Raymond Dumas, *Littérature haïtienne de la diaspora* paru pour la première fois en 2000 et réédité à deux reprises. Dans la préface de son ouvrage titré *Prolégomènes à une littérature haïtienne en diaspora*, l'essayiste Jenner Desroches utilise le terme diaspora pour désigner « des communautés haïtiennes vivant à l'étranger », p. 10.

produit un livre à ce sujet. Cette littérature dont la naissance doit être située dans une conjoncture ayant conduit à l'exil et à l'exode massif des compatriotes haïtiens vers les terres lointaines, tantôt en quête d'un bonheur perdu ou d'un mieux-être collectif, tantôt pour fuir la vie difficile et impossible de ce pays miné par la peur chronique et la violence quotidienne.

En effet, avec cette littérature d'outre-mer, tout un autre registre thématique naîtra. En sus de l'attachement à la terre natale exprimée à travers un goût nostalgique tout empli d'amertume qui passe par le souffle et le regard des personnages romanesques ou la quête identitaire et le besoin de dire l'imaginaire collectif par des artistes qui refusaient « de parler par signes » (Phelps), il se dégage, dès lors, dans toute cette création, une (certaine) forme d'engagement surtout lié au poids de l'exil (qu'il soit intérieur ou extérieur), aux charges de la mémoire et aux risques de l'errance.

Autrement dit, l'exil est une thématique inscrite dans les racines de la littérature occidentale à travers l'*Odyssée* d'Homère où l'on assiste à l'errance d'Ulysse, échu à Ithaque sur le chemin du retour après l'expérience de la guerre de Troie. Ici intervient le rôle de la mémoire ou le souvenir, lesquels sont considérés comme tout ce qui permet aux héros ou même au créateur de résister à toute tentation de rejet de sa culture, d'où l'attachement à la terre natale qui fera naître chez lui le désir du retour. Ou encore ce lieu qui lui permet de se forger une autre identité tout en gardant les traces de son identité d'origine –ce qu'on appelle le métissage culturel. Ce sont, entre autres, des thèmes assez récurrents qui caractérisent cette littérature de la migration.

À cet effet, comment concilier migration et mémoire ? Est-il possible de parler d'une *mémoire errante* ? Qu'est-ce qui, à un certain moment, pousse les héros, et dans certains cas, d'autres personnages, à quitter leur lieu d'origine et s'aventurer dans des périples, dès fois, à haut risque, pour en fin de compte tenter un retour aux sources ? Se référant aux récits d'écrivains d'Haïti et d'ailleurs de la seconde moitié du 20e et du début 21e siècle présentant des personnages animés ou portés par une obsession du départ, force est de constater que, dans beaucoup de cas, ces départs revêtent toujours des buts communs. Quand il ne s'agit pas de fuir la dictature, donc de sauver sa peau et celle de sa famille face à un régime totalitaire qui ne tient sa force et son autorité que dans la violence, la terreur en n'hésitant pas à manger même ses propres fils, l'autre prétexte n'est autre que celui de la survie. Fuir la misère et la peur, le trouble et le désespoir est, à cette fin, le principal motif poussant ces êtres de papier à partir à la quête de ces *eldorados* où l'on peut réinventer l'espoir en l'*espace d'un cillement*. Ce qui fait que le migrant, même quand il laisse son *alma mater*, au bout d'un certain temps, il en rêve encore puisque ne se sentant pas chez lui. Ce qui laisserait croire que ses attentes n'ont pas été comblées.

Face à une pareille situation, l'on serait en droit de se demander s'il est possible d'inscrire le migrant dans une sorte d'itinérance ou plutôt d'*enracinerrance* ? L'*enracinerrance* est considéré ici dans la perspective de Jean-Claude Charles pour qui le concept « tient compte à la fois de la racine et de l'errance ; il dit à la fois la mémoire des origines et les réalités nouvelles de la migration »[2]. Peut-on, à cette fin, toujours dans ce contexte, départager mémoire et errance ? Faut-il, de préférence, parler de « destinerrance » tel que le conçoit Jacques Derrida cité par Jean-Claude Charles ? En quoi ces héros ou de préférence ces personnages qui ne sont pas, dans certains cas, tout à fait détachés de la situation de leurs créateurs, peuvent parler de revendication d'un ancrage culturel ? Peut-on vraiment, à partir de leur comportement ou de leur vision de la réalité les considérer comme étant des déracinés ?

Notre propos se donne pour objet de visiter une dizaine de récits (romans, nouvelles) d'auteurs haïtiens (femmes et hommes), émigrés, exilés ou vivant en Haïti, et évoquer les correspondances à établir entre les diverses raisons qui poussent tel héros à quitter son village pour l'ailleurs et voir ce qu'il advienne de ce départ tout au moins forcé. Il s'agira par la suite de confronter les différentes situations et de dire s'il est possible d'inscrire ces scénarii dans un quelconque esprit de marronnage ou d'une tentative de démission. En dernier lieu, nous essaierons de dégager les logiques liées aux hantises du retour tout en suivant l'itinéraire de ces voyageurs livrés au désespoir à la vue d'un pays rongé par la misère.

Le tremblement de terre du 12 janvier 2010 aura beau marquer la littérature haïtienne des prochaines décennies. En témoignent les différentes œuvres produites durant ces quelques cinq dernières années et qui en font la pierre angulaire sinon un élément de seconde zone. Autant dire que le séisme risque de constituer la toile de fond –quand il ne s'agit pas d'arrière-plan– de la création littéraire dans son ensemble. De même qu'il y a eu, dans les

---

2. Jean-Claude Charles, « L'enracinerrance », *Boutures*, revue semestrielle d'art et de littérature, vol. I no 4, mars-août 2001, p. 38.

premières années du 20ème siècle, les romans et/ou récits de l'occupation à avoir expliqué le refus des créateurs haïtiens de l'occupant, l'on se trouve aujourd'hui face à une réalité ayant beaucoup influencé la production littéraire. Même cas de figure pour la dictature des Duvalier dont on sent encore, environ trente ans après, les marques toutes fraîches et les cicatrices toutes vives à travers les pages de tel récit ou le regard embué de tristesse, de la parole de tel personnage. Parce que le roman –par extension la littérature– est, par essence, « un miroir qu'on promène le long d'un chemin[3] ». Ce qui fait que, dès lors, l'une de ses fonctions est de mettre au goût du jour la saveur du monde, à donner « une peinture plus vivante de la société que les registres des greffes et des mairies[4] ».

Parler de la « littérature de la migration » ou plutôt de « littérature de l'émigration » ou encore de « littérature des émigrés » comme l'appelle Paul Aron[5], à supposer que le concept soit utilisé pour désigner « l'ensemble de la production littéraire écrite par des écrivains nés à l'étranger[6] », il revient alors à s'interroger sur les réalités culturelles et sociales des peuples sans toutefois omettre les relations identitaires et les enjeux liés à la mémoire, l'altérité, l'espace et le temps. Il revient, du coup, de considérer cette littérature au regard de deux paramètres distincts. D'une part, l'écriture de l'exil (à contrario de l'exil de l'écriture) où l'écrivain en exil (intérieur ou extérieur) rend compte de sa situation ou de sa misère d'exilé ou d'émigré –ici on est donc en présence d'une œuvre (auto)biographique, le personnage-narrateur (de type homodiégétique) est donc confronté aux problèmes découlant de l'interculturalité, la nostalgie et sa difficile adaptation à la terre d'accueil qui

---

3. Citation de César Vichard, abbé de Saint-Réal, écrivain et historien français du 17ème siècle (1643-1692), reprise par Stendhal, Henri Beyle (1783-1842) en épigraphe du treizième chapitre de son roman *Le Rouge et le Noir*.

4. Maximilien Laroche, « Histoire d'Haïti et Histoire du roman haïtien », Littérature haïtienne comparée, Grelca, coll. essais no 19, 2007, p. 72.

5. Selon l'essayiste et chercheur Paul Aron, cette littérature« comprend les auteurs et les thèmes qui traduisent les vastes déplacements de population suscités par le développement capitaliste occidental. […] largement acculturée dans le pays d'accueil et qui développe une interrogation identitaire spécifique, elle est produite par les migrants eux-mêmes, mais également par la deuxième ou la troisième génération de leurs descendants. Voir « littérature migrante », *Le dictionnaire du littéraire*, OUF, 2002, pp. 482-484.

6. Voir l'article de Hugues St-Fort, *Quand est-on écrivain haïtien ?* (2ème partie) paru sur le site de Parole en archipel.

le poussent à penser constamment à son lieu d'origine quand il ne peut plus porter le veston du marginal[7]. D'autre part, l'écrivain peut se faire le témoin des calvaires des émigrés, voire leur porte-parole –ces enfants de l'exil auxquels il appartient dans la plupart des cas– partis à la « Découverte du nouveau monde[8] », mais toujours habités par cette énigme du retour au pays natal. Dans le premier cas, l'écrivain recourt alors à l'écriture pour mieux faire face à son exil et se construire une existence aux yeux de l'autre/des autres, et, dans le second cas, elle (l'écriture) sert plutôt à expliquer ou interpréter, par l'usage d'un narrateur extradiégétique, l'égarement, l'errance et la perte de soi.

En effet, comme nous l'avons souligné plus haut, l'émergence de cette littérature diversement désignée remonte au début de la seconde moitié du 20ème siècle. Toutefois, il importe de souligner, s'il faut croire Georges Anglade avec ce qu'il appelle la carte du nouvel espace haïtien, que le 1/3 de la population est dans les communautés hors pays, et que, toujours selon lui, « le fer de lance de l'écriture haïtienne est devenu le fait d'écrivains connus et reconnus *aux pieds poudrés*[9] » depuis cette période. À croire notre géographe, les flux migratoires comprennent deux grandes périodes : la première située entre 1915 et 1935 qualifiée de *braceros*, due surtout à l'occupation américaine qu'il désigne sous l'expression de Traite Verte et la seconde située entre 1965 et 1985, les *cerebreros*[10], dite Traite Grise correspond à la fuite de la dictature des Duvalier.

---

7. En référence à *La dot de Sara* de Marie-Célie Agnant, *Chronique de la dérive douce* et *L'énigme du retour* de Dany Laferrière, *Passages* d'Émile Ollivier, *Le testament des solitudes* d'Emmelie Prophète. De l'autre côté, il y a *Absences sans frontières* d'Évelyne Trouillot, *Gouverneurs de la rosée* de Jacques Roumain, *Compère général soleil* de Jacques Stéphen Alexis, *La Gravitante* de Janine Tavernier, la nouvelle *Les enfants de la mer* d'Edwidge Danticat et *L'autre face de la mer* de Louis-Philippe Dalembert qui seront utilisés pour les besoins de ce texte.
8. Nabile Farès, *Le Champ des Oliviers,* Éd. du Seuil, 1972. Lu sur la 4ème de couverture.
9. Georges Anglade, « Les nouveaux nomades de l'écriture sur fond de trois révolutions », *Le secret du dynamisme littéraire haïtien*, éd. de l'UEH, coll. Discours et Conférences, 2010, pp. 13-17.
10. Le *bracero* (au singulier) est un terme espagnol dérivé du substantif brazo signifiant bras et désignant tout individu vivant de sa force de travail. Depuis quelques temps, il est utilisé pour désigner les Haïtiens travaillant comme coupeurs de canne en République Dominicaine. De l'autre côté le cerebrero désigne les intellectuels, les gens de la classe moyenne partis vers d'autres cieux.

Outre la République Dominicaine et Cuba, ils vont surtout à Miami, New York, Boston, Montréal, Québec, Paris, Genève, ces grandes villes perçues comme des lieux où l'on peut attraper des petits instants de bonheur.

Paru pour la première fois en 1905, *Sena* de Fernand Hibbert est sans nul doute avec *Cruelle destinée* (1929) de Cléante D. Valcin et *Gouverneurs de la rosée* (1944), œuvre posthume de Jacques Roumain, mort la même année, les premiers romans haïtiens à avoir évoqué la thématique du retour. Bien sûr, avant eux, Justin Lhérisson, par le biais de ses deux audiences *La famille des Pitite-Caille* (1905) et *Zoune chez sa ninnaine* (1906), avait abordé la question, mais il était surtout plutôt question de migration interne, ce qu'on appelle l'exode rural exprimé à travers la figure de Zétrenne Bodio dit Zoune et Éliézer Pitite-Caille quittant chacun leur province respective pour venir s'installer en ville, précisément dans la capitale. La migration interne est également présente à travers *Le Choc, chronique haïtienne des années 1915 à 1918* (1932) de Léon Laleau (s'il faut considérer les allers-retours de Maurice Desroches entre Croix-des-Bouquets et la capitale), *Le nègre masqué* (1933) de Stephen Alexis (les séjours de Roger Sinclair à la campagne précisément à Noailles dans l'Artibonite, le Centre) dans lequel il faut aussi signaler le départ de Roger pour la France à la fin du roman. Sans oublier *L'année Dessalines* (1986) de Jean Métellus qui met en scène les amours de Ludovic Vortex et Clivia Chanfort et les exactions du régime de Papa Doc. Un roman dont l'action se déroule tantôt à Port-au-Prince, tantôt à Saltrou, une petite localité dans la zone de Léogâne. Mais le plus emblématique parmi les héros de ces trois romans (Jean-Baptiste Renellus Rorotte, Armand Rougerot et Manuel), c'est surtout Manuel qui a été le porteur d'un message de changement parce que revenu transformé. Ce qui fait qu'il revient, sans doute, à Roumain d'avoir exporté cette thématique dans la littérature haïtienne. Au-delà de l'idylle entre Manuel Jean-Joseph et Annaïse, les deux principaux acteurs du changement à Fonds-Rouge, ce village perdu de l'arrière-pays, miné par la sécheresse, la haine et la jalousie et surtout l'esprit de vengeance, au-delà de la volonté de notre héros d'apporter l'eau au village, cet élément purificateur, de voir tous les villageois s'asseoir sur une même table et se donner la main, il y a lieu aussi de s'interroger sur ce qui l'a porté à adopter un tel comportement, d'avoir telle manière de penser. C'est qu'il a été à Cuba à couper la canne à sucre, tout en étant un homme d'ici, il vient aussi d'ailleurs. Après les quinze années passées en terre étrangère, il est revenu transformé, il a acquis de l'expérience et n'est plus le même homme. C'est, à ce propos, en plus d'être un messie, un émigré de retour au pays.

Quelques années plus tard, soit en 1955, Jacques Stéphen Alexis prendra le relais avec son *Compère Général Soleil* présentant un personnage, Hilarion Hilarius, jeune prolétaire des bas quartiers de Port-au-Prince, au profil similaire à celui de Manuel, la misère à ses trousses, la faim dans ses tripes, vole pour manger. Arrêté et jeté en prison (comme Roumain et Alexis l'ont été d'ailleurs), converti au communisme, il rêve de changement et connaîtra le bonheur –ne serait-ce que passager– à la naissance de cet enfant de Claire-Heureuse. Parti couper la canne à sucre en République Dominicaine, il ne reverra pas le soleil d'Haïti, du moins sur la frontière. Dans le cas de Roumain et d'Alexis, le héros est pris dans les filets de leurs propres illusions. Si tous les deux ont pris le risque de partir vers d'autres cieux afin de donner des ailes à leurs rêves, ils sont tous deux aussi fauchés par le destin à mi-chemin, entre l'ombre et la lumière. Désenchantés, les deux ont cru dur comme fer que la vie est de l'autre côté, *derrière les mornes*, là où le hasard arrive à diriger leurs pas. L'un dans la plus grande île des grandes Antilles et l'autre, dans la partie est de l'Île. Le premier a pu tout de même rentrer chez lui, mais n'a pas pu comme l'autre –qui a eu certainement un sort plutôt différent en terre voisine, même s'ils ont fait tous deux *la huelga*– goûter aux fruits du combat pour le changement des conditions de vie de l'être humain.

Dans le cas des deux romans suscités, le lecteur a affaire à un narrateur extradiégétique, omniscient, n'étant pas partie prenante de l'action, mais peut lire dans la pensée de chaque personnage et connaît tous les détails de l'histoire. Tout se lit à travers le prisme de sa caméra qu'il promène au fil des événements. Deux romans à travers lesquels les auteurs rêvaient et proposaient, du fait de leurs deux protagonistes épris de la frénésie du changement, un monde nouveau. En dépit du quart de siècle passé à Cuba, Manuel est cependant resté l'homme du terroir, attaché aux valeurs ancestrales. On l'a vu à l'œuvre lors de son retour à Fonds-Rouge. Certes, Hilarion n'a pas eu le temps de rentrer chez lui, mais il l'espérait pour continuer la lutte. Malgré les obstacles, il n'avait pas perdu espoir car, disait-il, sur le chemin du retour, fuyant hardiment le carnage et affrontant l'inhumanité sans bornes des fascistes dominicains, « La terre haïtienne ne doit pas être plus loin[11] ». Pour être de l'autre côté de la frontière, il n'est point dépaysé.

---
11. Jacques Stéphen Alexis, *Compère Général Soleil*, Gallimard, 1955, p. 332.

Il va falloir attendre la fin des années 80 –s'il faudrait tenir compte du premier roman de Dany Laferrière[12], si ce n'est le début des années 90 pour que l'on voie poindre dans le paysage littéraire haïtien des récits ayant pour cadre diégétique l'émigration. Bon nombre de ces auteurs sont, en fait, des écrivains migrants ou plutôt des « écrivains du dehors », pour utiliser l'expression d'Hugues St-Fort s'interrogeant sur ce qui constitue l'identité de l'écrivain haïtien. S'il faut s'appuyer sur la proposition de Paul Aron pour qui la littérature migrante désignerait l'auteur en situation de migrant et la thématique en tant que telle, c'est dans le roman d'Émile Ollivier, *Passages*, paru pour la première fois en 1991, qu'il faut aller chercher les racines de l'écrivain et du personnage émigrés. Contraint à l'exil en 1964 par François Duvalier, il a d'abord passé une année en France avant de s'installer, par la suite, au Canada. Véritable récit dans le récit (s'il ne faut pas plutôt parler de mélanges de récits), à plusieurs voix/voies, (Brigitte Kadmon, Amparo, Leyda et un narrateur assimilé à Normand), *Passages* combine deux histoires alternées, deux styles de vie, deux personnages confrontés au mal de deux pays distincts l'un de l'autre. La difficile traversée d'Amédée Hosange et l'état nostalgique de Normand Malavy. Un matin de novembre, ils sont soixante-dix-sept habitants de Port-à-l'Écu, village perdu des Caraïbes, à prendre la mer. À leur tête Amédée Hosange, capitaine de *la Caminante*, ils « quittent le pays de la malédiction » (p. 142) et partent vers l'inconnu à la recherche de l'Éden. De l'autre côté, Normand Malavy, Haïtien exilé vivant au Québec et naturalisé Canadien, est tourmenté par l'idée du retour au pays natal. Pris d'une mélancolie proche de la déraison et ne cessant de rêver de son île, « un midi de janvier » (p. 72), il débarque à Miami dans l'idée de se sentir plus proche d'elle avec l'espoir, un jour, d'y mettre les pieds. Avec ces deux personnages dont le destin se croise, puisqu'ils mourront tous deux en terre étrangère, chez l'Oncle, dans l'indifférence, Émile Ollivier offre un tableau déconcertant de l'Haïtien (l'être humain, en général) toujours en quête désespérée de mieux-être. Si l'un a dû fuir le pays pour des raisons politiques (sa vie étant en

---

12. Paru en 1985, ce premier roman au titre accrocheur voire provocateur, *Comment faire l'amour avec un nègre sans se fatiguer ?* (qui n'est, en fait, qu'un vieux radotage n'ayant rien de littéraire) présente, en effet, deux jeunes Haïtiens, Vieux et Bouba, chômeurs par surcroît, qui vivent dans un état crasseux dans un deux pièces à Montréal. Le premier tente d'écrire un roman et le second est un amateur de jazz, mais les deux ont en commun une passion pour les plaisirs de la chair.

danger), l'autre part surtout pour des raisons économiques. Dialogue authentique entre deux espaces, l'ici et l'ailleurs, le dedans et le dehors, c'est aussi l'histoire de Leyda, épouse de Normand et Amparo, la Cubaine et petite amie de celui-ci, qui se disent leur malaise. Lieu de paradoxe, de cohabitation des contraires, le livre pose, non sans précision, l'incertitude du retour.

Arrivé à Montréal l'été 1976 à la suite de l'assassinat de son ami Gasner Raymond, Dany Laferrière présente dans son sixième roman, *Chronique de la dérive douce* (1994), un jeune haïtien qui échoue dans la deuxième plus grande ville du pays à la fleur de Lys, échappant à la fureur des sbires du gouvernement. Les mains vides, la tête rempli de rêves, il erre dans les rues de cette ville, faisant connaissance avec le froid, la faim, l'isolement et la nostalgie de sa terre bien-aimée. Une sorte de journal de bord, un peu dans la même veine que *Les années 80 dans ma vieille Ford* (2005) qui rassemble les chroniques annonçant l'œuvre de ce Nègre d'Haïti installé, près de quatre décennies plus tard, dans le fauteuil 2 de l'Académie française. D'une écriture hachée, râpée, assez proche du style poétique, Laferrière promène son regard de parcs en parcs, de quartiers en quartiers, pour esquisser le portrait de ce jeunot dépité qui se bat pour joindre les deux bouts. Comme tout migrant, il s'exerce aux petits boulots. Se met à l'apprentissage de cette nouvelle vie qu'il n'a pas choisie ou qu'il a choisie contre son gré.

Inscrit dans la série de son « Autobiographie américaine », *Chronique de la dérive douce* est un long dialogue entre le narrateur et le lecteur invité à pénétrer dans son univers pour dénicher ses poussées érotiques, ses instants de chagrin et ses petits bonheurs passagers. Une vraie errance avec toutes les formes d'inquiétudes. Récit d'un homme en terre étrangère, le livre prend l'allure d'un récit universel. Récit de vie d'un Haïtien mais aussi de n'importe quel émigré confronté à la dure réalité du pays d'accueil. Étranger aux gens, au climat, à la culture de l'autre, il se retrouve isolé, confiné dans son monde exposé à toutes les formes de difficultés liées à son insertion dans la nouvelle société.

Née en Haïti mais ayant grandi et vécu aux États-Unis, Edwidge Danticat est toujours attachée à sa terre natale. Si bien que son œuvre rassemble tout ce qu'elle a gardé de souvenirs de cette île aux accents fragiles. Même quand elle écrit dans une langue étrangère et baigne dans une autre culture, elle n'est pas pour autant dépaysée. Elle est sensible à la misère de ce peuple, le deuxième à avoir planté son drapeau sur ce coin de terre et montrer à la face du monde que les Noirs sont capables de pires comme de grandes choses. Aussi sa nouvelle *Les enfants de la mer* paru dans le recueil *Krik? Krak!* (1995) a-t-elle pour ambition d'attirer l'attention du lecteur sur les risques encourus par tous ceux et toutes celles qui prennent la mer à destination des terres inconnues, ces terres lointaines, d'où coulent le lait et le miel. Le titre même de la nouvelle laisse déjà entrevoir qu'il n'est autre que l'histoire des naufragés de la vie, les portés disparus qui ont donné dos à la vie pour devenir plus tard des morts sans sépultures.

Récit d'un *boat people*, pour ne pas dire d'un jeune adolescent, bourré de rêves, fuyant la terreur du régime de Papa Doc, la nouvelle prend la forme d'une correspondance amoureuse entre deux amants qui se sont juré de s'aimer au-delà de la distance. Ils sont trente-six sur un petit bateau à voile, en pleine mer, exposés aux intempéries, n'ayant que le bleu du ciel et de l'océan comme décor, à chercher la route qui mène chez l'Oncle Sam. À bord, ce garçon du groupe des Six, présentateur d'émissions à la radio, tient une correspondance avec sa fiancée restée en Haïti. Dans ce journal, il note tout ce qui passe sous ses yeux : l'inconfort des uns et des autres devant l'imminence du danger, Célianne, cette fille de quinze ans violée par les *Tonton-Macoutes*, qui accouche d'un enfant mort-né, la peur aux tripes des passagers à la vue des fissures au fond de la coque. De l'autre côté, la fiancée raconte, à son tour, dans son journal, les maux auxquels ses parents, en particulier, et la population, en général, se trouvent confrontés au jour le jour. Les sbires du gouvernement ne chôment pas. Ils frappent, torturent, tuent comme bon leur semble, et la jeune fille n'arrête pas d'évoquer le parcours de ce combattant, fugitif pour le moment, qui vient de passer les examens d'entrée à la fac. Écrit en deux polices de caractère, l'histoire est plus que tragique, tant elle est émouvante et suscite la pitié.

Écrivain voyageur, homme aux pieds poudrés, Louis Philippe-Dalembert appartient également à cette série de créateurs attirés par le flux grossissant des âmes qui mettent les voiles vers les pays où tous les espoirs ont un permis d'exister et les citoyens, un droit de citer. Son deuxième roman *L'autre face de la mer* (1998) s'apparente à un vieux mythe, une épopée tragique, poignante des multiples péripéties de son île ravagée par des catastrophes de toutes sortes. En effet, toute la beauté du livre sied dans le titre. Une belle allégorie rien que pour évoquer les mésaventures découlant de la traversée du bleu. L'histoire se déroule en trois temps, trois parties (le récit de Grannie et celui de

Jonas séparé par la haine de ce dernier de Port-aux-Crasses, la ville) formant un tout.

L'histoire pourrait se révéler intéressante à certains points de vue, mais on sent la présence d'un manque de finesse dans le travail sur la langue. Et aussi un côté grotesque quant à ces textes à l'allure poétique, sans ponctuation, qui nuisent, tout d'un coup, à la progression du récit. Enfant, Grannie, aimait les bateaux. Fascinée par cet objet qui rappelle tant la déportation des Noirs sur la terre coloniale –la traite négrière– et le départ des compatriotes pour la partie est de l'île, elle prenait plaisir à se rendre au port pour contempler chaque bateau qui vient s'y accoster. Ce qui lui a valu le surnom de « Noubòt » en comparaison avec *New Boat*. Elle revient sur le massacre perpétré sur les Haïtiens en République voisine, la douleur causée par cet événement si tragique. Jonas, son petit-fils, assiste, impuissant, à la dégradation de la ville, le manque d'humanité des uns et des autres, l'horreur quotidienne produite par les *tonton-macoutes*, ce qui lui a valu la perte ou la disparition de sa mère et de son père jusqu'à créer chez lui cette irrésistible envie de prendre le large vers cet ailleurs souhaité. Parce que le présent devient insupportable. Le récit suit un schéma narratif renvoyant à trois instances narratives : le « je » de Grannie et celui de Jonas qui constituent une sorte de conscience apparente où la parole des personnages prennent la forme de paroles narrativisées ou transposées au style indirect (libre) ; mis à part au huitième chapitre du récit de Jonas où l'on assiste à une discussion interminable entre deux voix sur le devenir de la ville et des gens. La deuxième partie du roman « La ville », promène le regard d'un narrateur neutre, objectif et totalement effacé du récit, avec de longues scènes, d'une abondance de détails, comme si l'on était en présence d'un temps réel, créant, tout à coup, chez le lecteur l'impression que les faits se déroulent directement sous ses yeux.

Il y a *Absence sans frontières*. Une histoire de souvenirs. De rêves brisés. D'espoirs interdits. De dictature et de départ. Une petite fille, Géraldine, orpheline de mère, grandit en Haïti, entre sa grand-mère, Gigi, et sa tante Cynthia (Tanza) avec l'espoir de faire la connaissance de son père vivant en terre étrangère. Voilà déjà vingt ans depuis que Gérard, ce père, s'exile à New York en quête d'un mieux-être. Vingt ans depuis qu'il vit coincé entre les quatre murs d'une petite pièce en plein cœur de cette grande ville, confiant qu'un jour il retournera chez lui et pourra serrer sa fille dans ses bras. Il est las de cette vie sans grand éclat. Le 11 septembre 2001, ce n'est que de justesse qu'il a échappé à l'explosion des deux tours. Il pense à sa fille restée au pays. Il rêve de rentrer chez lui. Et le 12 janvier s'y mêle. La peur aux tripes, il attend la première occasion pour préparer son retour. Ce n'est qu'à la mort de sa grand-mère, que Géraldine apprendra toute la vérité sur ses origines.

Quoiqu'il ne s'agit pas d'un grand roman sur la migration haïtienne, *Absences sans frontières* est aussi un regard porté sur la décrépitude d'un régime, les sacrifices des uns et des autres pris aux pièges de la misère. Évelyne Trouillot nous met face à nos peurs, nos angoisses quotidiennes que nous portons au bout de nos regards. Trois femmes courageuses, trois générations différentes à qui les sombres et difficiles événements n'ont pas permis de jouir du bonheur de la vie. Histoire d'une famille, de deux pays, c'est aussi l'histoire d'un homme, d'un père responsable, plein d'énergie, soucieux du bien-être de sa famille, qui retrousse les manches de sa chemise pour mettre un grain de sel dans son quotidien maussade. Le roman est une suite de fragments. De tranches de vies. Une histoire en trois étapes. En trois tableaux pour mieux dire. Même quand il s'agit de trois récits rapportés.

S'inscrivant un peu dans la même veine que le roman d'Évelyne Trouillot en ce sens qu'il met en scène trois générations de femmes, *La dot de Sara* (1995), le premier roman de Marie-Célie Agnant dresse le portrait d'une femme sensible au bonheur des siens. Un roman plein d'humanité, de tendresse et d'amour sur le sort de ces femmes vivant éloignées de la chaleur du pays natal. Marianna représente la figure de la grand-mère soucieuse, laborieuse et qui souhaite voir sa petite-fille Sara grandir en toute quiétude à l'abri des besoins quotidiens. Lors de sa naissance à Montréal, Marianna a dû laisser son petit coin chéri, l'Anse-aux-Mombins, et rejoindre Gisèle, incapable d'élever toute seule l'enfant. Partie avec l'espoir de passer quelques mois, elle est restée, malgré elle, trente ans environ dans ce pays à affronter cet univers de froid, le manque de solidarité des uns et des autres et la peur de mourir comme une anonyme dans ce paradis devenu enfer à ses yeux. Mais la rencontre avec d'autres exilés va lui permettre de renouer avec ses racines. Sans oublier le poids de cette complicité qui se développe entre elle et Sara à qui elle entend inculquer, de toute sa force, des valeurs liées à la culture de son pays. Une histoire de femmes, de migration et d'exil. Un livre qui, en aucun cas, ne saurait laisser le lecteur froid sur la situation des femmes migrant au Québec. Leur solitude, leur attachement à la terre natale, l'héritage culturel –donc la quête identitaire. La transmission de savoirs, de valeurs propres au passé, en un mot, de la mémoire. Un roman d'enfance ou plutôt d'apprentissage dans lequel l'héroïne grandit sous le regard bienveillant et protecteur de la grand-mère. Comme Vieux Os, le personnage incarnant Dany Laferrière dans *L'odeur du café* (1991) qui a appris à lire l'alphabet dans sur le visage ridé de sa grand-mère Da. Un livre sur la condition des femmes haïtiennes en exil, leurs misères quotidiennes face à un système social qui n'a de cesse que de broyer tous ces projets qu'elles ont transportés avec elles dans leur périple et qui, plus tard, sont devenus des chimères.

Professeur d'Université aux États-Unis d'Amérique, Janine Tavernier est, contrairement à l'image péjorative construite à son endroit par le poète Anthony Phelps[13], un écrivain important de la génération des années 60. Déjà Roland Morisseau, dans la préface de son premier recueil de poèmes, *Ombre ensoleillée*, la qualifiait de « figure intéressante de cette dernière littérature ». Son roman *La Gravitante* (2007) présente une page de la vie avec tout ce qu'il y a de plus déshumanisant. Abominable. Marie Ortancia Désilius, dit Ticia, est une petite fille des mornes, de la province. Après avoir été victime de viol et d'abus de toutes sortes, elle émigre vers les États-Unis en compagnie de son père qui mourra peu de temps après. Livrée à elle-même, elle fait don de son corps pour pouvoir faire face à ses exigences quotidiennes. Au bout de quelques trente années à vendre ses charmes dans la plus grande ville des États-Unis, Ticia revient à Fessa, sa province natale, où elle a grandi, faire œuvre qui vaille en mettant à la disposition des démunis, un centre d'apprentissage.

Roman douloureux, *La Gravitante* est une histoire qui s'aligne dans le même ordre des films d'horreurs, à la seule différence qu'ici c'est le corps qui est broyé et non l'âme du personnage qui est vendue aux démons. Véritable descente aux enfers, le parcours de Ticia rappelle, en certains points, la triste situation des enfants démunis qui, placés en domesticité, sont exposés au viol et aux mauvais traitements. Les premiers moments de sa vie de domestique chez madame Lamercie et son viol par le gendarme font penser carrément à *Zoune dans Zoune chez sa ninnaine* de Lhérisson. Et à New York, si elle accepte d'être aux services de ses deux patrons dans cette usine de tissus,

---

13. Le 20 octobre 2005, Anthony Phelps a prononcé une conférence intitulée « Haïti littéraire : Rupture et nouvel espace poétique » à Lehman College (Cuny) à Bronx, au cours de laquelle les écrivains Jacqueline Beaugé et Janine Tavernier qui faisaient partie du groupe « Haïti littéraire » dans les années 60 sont qualifiées de satellites. Ce qui assurément revient à dire qu'elles avaient un rôle insignifiant dans le mouvement, par le seul fait qu'elles étaient, peut-être, des femmes, s'il faut considérer le caractère machiste des propos du poète. Et si Marie Vieux-Chauvet s'est vu épargnée ce qualificatif, c'est peut-être parce que le groupe se réunissait chez elle, dans sa maison à Bourdon.

c'est surtout la force des choses qui l'a forcée. En terre étrangère, elle doit se battre pour joindre les deux bouts. Ce paradis taillé à la mesure de ses rêves est devenu un enfer, un fardeau lourd à porter.

Écrivain de l'intérieur, née au début des années 70, Emmelie Prophète est une romancière qui, à travers son premier roman, *Le testament des solitudes* (2007), exprime, elle aussi, une parole révoltante à la vue de ces êtres qui part[ent]aient en silence pour donner naissance à des « enfants sans identité, sans racines, sans habitudes » (p. 35). Écrit dans une langue poétique empruntant la forme d'une chronique, le roman est le récit d'une femme habitée par la solitude. De cette ville qu'il faut fuir en quête d'un rêve épuré de toute inquiétude. À la loupe du regard de la narratrice, le lecteur suit le déroulement des errances de trois sœurs (Odile, Christie, sa mère), trois femmes, trois générations qui parcourent les routes de l'ailleurs, avec des destins différents, à la recherche du bonheur. Coincée dans un aéroport, la narratrice, dont le nom n'a été jamais révélé, reconstitue, à travers certains souvenirs, le fil de l'histoire de cette famille longtemps oubliée –ou de ces femmes ignorées et perdues dans l'univers floridien et newyorkais. Le cadre du récit est constitué d'un ensemble de lieux qui, en grande partie, tient la narratrice errante et prisonnière de son passé. Les thématiques de l'exil, la solitude expliquent cet effet de l'enfermement. Aussi se dessine-t-il une fracture nette entre le dedans et le dehors. D'où une opposition éloquente et saisissante (les quatre murs de l'aéroport et l'arrière-cour). La narratrice est déchirée. Son geste témoigne d'une certaine façon de tempérer sa souffrance. Le récit devient, du coup, un creuset qui lui permet de sortir de son silence. C'est la somme de toutes les blessures de l'espace endeuillé, des corps mutilés entre l'exil (comme errance) et des voix réduites au silence (enfermement).

Parties dans de meilleures conditions que les autres personnages des récits considérés, leur sort n'est pas pour autant trop différent. Prisonnières du passé, privées de liberté et menant une vie stressante, elles sombrent dans la nostalgie et vivent leur blessure dans la fracture du quotidien. *Le testament des solitudes* décrit la situation d'un pays qui se porte mal et qui ne prend pas le temps d'avoir conscience de son malheur. De ses quotidiens fragiles et cancéreux. Ce pays incapable de donner un permis de vivre à ces femmes fuyant le mal de vivre, débarquant sur la côte floridienne, avec un enfant dans le ventre comme permis de séjour. Ou ces autres qui vendent au prix faible leur âme et leur corps à un homme pour le voyage vers ces cieux cléments, rien que pour échapper à la prison de la misère. Interrogation sur le sens de la vie, son identité et sa présence au monde, le roman mélange les voix dans la tête de la narratrice qui lutte au risque de devenir amnésique. Du coup, elle prend le lecteur à témoin et l'invite à partager sa solitude. Ce qui ressort, du moins, dans les dernières lignes du récit : « Me voilà seule avec une histoire qui se termine sans éclaboussure et sans témoin ». En dépit de cette impression d'une parole inachevée, et compte tenu de sa charge émotive dans le déroulement du récit, il y a lieu de relever que la narratrice assume deux fonctions. La première de type modalisant, s'il faut tenir compte des sentiments créés par l'histoire sur sa personne et la seconde, de type idéologique, par le fait qu'il y a cette tentative ou cette volonté de porter des jugements sur les personnages et les actes qu'il leur convient d'accomplir au regard des pressions sociales. Tout se transmet à travers sa loupe, assurant ainsi la transmission du récit par une parfaite alternance des scènes qui occupent une très large place et des sommaires en relation avec la durée et le rythme pour produire des effets de réel et de dramatisation. Qu'il s'agisse des gestes, des regards, des discours ou des paroles des personnages qui sont, pour la plupart, ou si ce n'est pas toutes, narrativisées ou transposées soit au style indirect ou indirect libre. Pas un seul endroit du texte où l'on voit un personnage prononcé une parole. Tout se lit et se fait par l'intermédiaire de cette narratrice-personnage qui adopte une attitude homodiégétique, dans un présent dominant, d'où cette impression de simultanéité entre ce qu'elle perçoit et ce qu'elle dit. Autant de considérations qui donnent au récit un caractère biographique en ce sens que, selon Umberto Eco, la construction d'un univers fictionnel et sa compréhension n'est possible en dehors des références à nos catégories de saisie du monde.

Au terme de ce regard pour le moins exhaustif sur la production romanesque des 20ème et 21ème siècles haïtiens, force est de constater que le poids de la dictature et la quête de survie sont les premiers motifs ayant porté les personnages à s'expatrier. Ces histoires qu'on aurait prises pour de simples produits de l'imaginaire traduisent la triste réalité vécue par nombre de compatriotes haïtiens et étrangers confrontés aux chutes de l'existence. Les personnages sont pris dans une sorte de labyrinthe, le cycle infernal de la misère et de la dictature qui, à bien des égards, constituent deux éléments forts importants dans toute démarche de saisir le phénomène de la migration. En dépit de toutes les difficultés que revêt le concept de littérature migrante ou de la migration (émigration), l'on verra bien que cette littérature a surtout supplanté tout discours identitaire univoque, nationaliste pour ouvrir le champ à d'autres voix/voies (d'ici et d'ailleurs). L'on verra aussi que cette littérature est en grande partie caractérisée par une tendance tenant lieu du métissage, du déracinement, de l'hybridité et mettant, certaines fois, en relief une part d'autobiographie. Dans chacun des récits mentionnés dans cette réflexion, il ne fait aucun doute que chacun des protagonistes, même quand ils quittent le pays de la malédiction en mettant le cap vers les terres promises, ils ont su toujours garder cette image de la ville ou du pays natal. Comme s'il faut croire que, dans la tête de l'immigrant, le départ n'est jamais définitif.

Dieulermesson PETIT FRERE, M.A

Bibliographie

AGNANT, Marie-Célie, *La dot de Sara*, Montréal : Remue-ménage/Mémoire d'encrier, 2000.

ALEXIS, Jacques Stéphen, *Compère Général Soleil*, Paris : Gallimard, 1955.

ARON, Paul, SAINT-JACQUES Denis, VIALA Alain, *Le dictionnaire du littéraire*, Paris : Presses Universitaires de France, 2002.

BARTHES, Roland, *Essais critiques*, Paris : Seuil, coll. Points, 1964.

---, *Le degré zéro de l'écriture*, Paris : Seuil, coll. Points, 1972.

BARTHES, Roland, KAYSER Wolfgang, C. BOOTH Wayne, HAMON Philippe, *Poétique du récit*, Paris : Seuil, coll. Points, 1977.

CHARLES, Jean-Claude, *De si jolies petites plages*, Paris : Stock, 1982.

---, « L'enracinerrance », *Boutures*, revue semestrielle d'art et de littérature, vol. I no 4, mars-août 2001, Port-au-Prince : Mémoire, 2001, pp. 37-41.

DALEMBERT, Louis-Philippe, *L'autre face de la mer*, Paris : Le serpent à plumes, 1998.

DANTICAT, Edwidge, « Les enfants de la mer », in *Krik? Krak!*, trad. Nicole Tisserand, Paris : Pocket, 1996.

DESROCHES, Jenner, *Prolégomènes à une littérature haïtienne en Diaspora*, Montréal : CIDIHCA, 2000.

DOMINIQUE, Max, *Esquisses critiques*, Port-au-Prince : Mémoire, coll. Ruptures, 1999.

DUMAS, Pierre-Raymond, *Littérature haïtienne de la diaspora*, Port-au-Prince : C3 éditions, 2012.

GENETTE, Gérard, « Frontières du récit», *Figures II,* Paris : Seuil, coll. Points, 1969, pp.49-69.

LAFERRIÈRE, Dany, *Chronique de la dérive douce*, Montréal :VLB Éditeur, 1994.

---, *L'énigme du retour,* Paris : Grasset et Fasquelle, 2009.

LAROCHE, Maximilien, *Littérature haïtienne comparée*, Québec : GRELCA, coll. Essais no 19, 2007.

OLLIVIER, Émile, *Passages*, Paris : Le Serpent à Plumes Éditions, 1994.

PÉAN, Stanley, *Taximan*, Montréal : Mémoire d'encrier, 2004.

PROPHÈTE, Emmelie, *Le testament des solitudes*, Montréal : Mémoire d'encrier, 2007.

REUTER, Yves, *L'analyse du récit*, Paris : Armand Colin, coll. 128, 2012.

ROUMAIN, *Jacques, Gouverneurs de la rosée*, Paris : Les éditeurs français réunis, 1946.

SARTRE, Jean-Paul, *Qu'est-ce que la littérature ?*, Paris : Gallimard, 1948.

TAVERNIER, Janine, *La Gravitante*, Port-au-Prince : Presses Nationales d'Haïti, coll. Souffle nouveau, 2007.

TODOROV, Tzvetan, « La lecture comme construction », *Poétique de la prose suivi de Nouvelles recherches sur le récit*, Paris : Seuil, coll. Points, pp. 175-188.

TROUILLOT, Évelyne, *La mémoire aux abois*, Port-au-Prince : Atelier jeudi soir, 2013.

---, *Absences sans frontières*, Paris : Chèvre-feuille étoilée, 2013.

ST-FORT, Hugues, *Quand est-on écrivain haïtien ?* (1ère partie), http://parolenarchipel.com/2014/04/16/quand-est-on-ecrivain-haitien/ Consulté le 17 février 2015.

---, *Quand est-on écrivain haïtien ?* (2ème partie), http://parolenarchipel.com/2014/04/17/quand-est-on-ecrivain-haitien 2eme-partie/. Consulté le 17 février 2015.

Pour citer cet article :

Dieulermesson PETIT FRERE, «Écrire les frontières, réduire la distance. Des traces de l'ici et de l'ailleurs dans les récits haïtiens du 20ème siècle ». *Revue Legs et Littérature*, 2015 | no. 5, pages 35-53.

Aspects de la nostalgie dans « Le sermon sur la chute de Rome » de Jérôme Ferrari

Après des études à la faculté des Lettres et Langues au département de Langue Française de l'Université Constantine 1 en Algérie en 2010, Meriem Hafi Meriboute a reçu un Master en Sciences des Textes Littéraires en 2012. Professeure de langue française au lycée depuis 2011, elle prépare actuellement un doctorat en Littérature française et francophone à la même université.

Résumé

Nous avons présenté dans cet article, une partie de notre travail de recherche en doctorat qui s'intéresse essentiellement à l'écriture de la nostalgie dans l'œuvre de Jérôme Ferrari. Après avoir exposé un petit aperçu sur l'évolution d'usage du terme nostalgie et de son introduction progressive dans les différents domaines à l'instar de la littérature où elle est devenue un vrai moteur d'écriture et source d'inspiration, nous nous sommes référés à la dichotomie de Jankélévitch qui distingue la nostalgie ouverte de la nostalgie close afin de constater combien les textes de ce jeune écrivain talentueux sont imbibés de nostalgie.

Dans cette analyse nous allons essayer d'examiner la présence de la nostalgie et ses aspects chez un auteur corse contemporain qui est Jérôme Ferrari. Mais avant de commencer notre investigation, il nous parait nécessaire de faire un petit résumé sur l'évolution de l'utilisation de cette notion et de son adoption par la littérature.

La nostalgie est parmi les sentiments qui ont connu le plus de mutations à travers l'Histoire humaine. Le terme nostalgie tire ses origines des deux lexèmes grecs : « nostos » qui veut dire retour et « algie » qui signifie douleur. Ces deux termes réunis pour la première fois en 1688 par un jeune médecin alsacien, Johannes Hofer, désignent « le mal du pays natal », maladie qui a frappé les soldats suisses de l'armée de Louis XIV, ce diagnostic a attribué à la nostalgie sa propriété scientifique. Depuis, elle est examinée même par des psychologues, la considérant comme une névrose ou, le plus souvent, comme symptôme de la dépression.

Cependant, on a reconnu cette émotion à travers la littérature, dans des textes très archaïques, l'exemple le plus illustre est celui de *L'Odyssée* d'Homère qui nous a raconté comment Ulysse errant en périple confrontant les dangers les plus périlleux, et repoussant les offres les plus délicieuses, continue inlassablement pendant dix ans, sa quête dans l'espoir de retrouver son royaume d'Ithaque, sa maison et sa femme. Par conséquent, Ulysse restait l'emblème de l'ardent désir du retour à la terre natale.

La littérature récupère cette figure, l'imagine, la réinvente, l'actualise à chaque fois qu'il s'agit de dépaysement, de protagonistes en exil ou de projet de retour. L'histoire littéraire déborde de « paradigmes » en cette matière comme c'est le cas des textes de : Joachim du Bellay, François-René de Chateaubriand, James Joyce...

Ce sentiment s'affine de plus en plus et les motifs qui le déclenchent acquièrent de l'acuité et de la diversité, rappelons donc le fameux effet de la madeleine de Proust...

La littérature qui a subi elle aussi l'influence du renouveau culturel, a su adopter les nouvelles perspectives. En s'ouvrant à l'interdisciplinarité, elle a pu s'approprier la nouvelle conception de la nostalgie sous le nom de « La Nostalgie Moderne ». Une notion issue de la pensée philosophique de Rousseau et de Kant, c'est ainsi que la nostalgie perd de sa spécificité spatiale pour se rendre compte de l'impact du temps sur l'expérience du dépaysement. La nostalgie est donc devenue : « le regret des choses passées ».

À ce stade la question du retour se voit plus imposante, et nous trouvons indispensable de la ré-explorer, le retour est-il donc le vrai remède de la nostalgie ? Autrement dit : le retour est-il la fin ?

Vladimir Jankélévitch, fut parmi les premiers qui ont relevé cette question. Dans son éminent ouvrage *L'Irréversible et la Nostalgie* (1974), il a embrassé le sujet sous l'égide d'une démarche structuraliste, en illustrant sa pensée par des exemples tirés des plus grandes œuvres littéraires et musicales, il a fini par concevoir une dichotomie qui tient des conséquences du retour et qui compte : la Nostalgie Close et la Nostalgie Ouverte « Si le désir du retour est le symptôme d'une nostalgie close, le désappointement qui s'empare du nostalgique à son retour et la bougeotte infinie qui est la suite de cette déception sont le symptôme d'une nostalgie ouverte. » (*L'Irréversible et la Nostalgie*, p. 360).

La nostalgie close, selon ce philosophe est « La forme élémentaire de la nostalgie, à la fois la plus simple et la plus optimiste. Elle est celle où le retour est capable de compenser exhaustivement l'aller » (*L'Irréversible et la Nostalgie*, p. 362)

Ici, l'objet de la nostalgie est bel et bien défini, qu'il s'agit de la terre natale pour un expatrié, d'un élément qui y appartient pour quelqu'un qui s'est éloigné, ou d'un autre objet auquel le nostalgique était attaché ou était habitué dans son passé : un jouet d'enfance, une plante, un ustensile, un bijou, un tableau dans la maison paternelle…

C'est ainsi que l'Ulysse de *l'Odyssée* était comblé à son retour à Ithaque, sa Pénélope, la bien-aimée qu'il se consume dans l'attente de revoir, a pu effacer de son seul regard, et comme par magie, toutes les années de souffrance de son errance. Sur cette rencontre heureuse, l'épopée prend fin sans que le héros regrette d'une bribe le charme de la splendide nymphe Calypso.

En revanche, Jankélévitch précise que la nostalgie ouverte ne sera jamais assouvie par le simple fait du retour. Deux hypothèses ont été mises au point : La première concerne l'irréversibilité du temps, qui fait en sorte que chaque instant présent n'est vécu qu'une seule fois dans la ligne d'une vie. Par conséquent, de faire rencontrer ou de regrouper les mêmes éléments constructifs de cet instant ne fait point ressusciter la même expérience, ne serait-ce qu'une imitation, un avatar, mais jamais la même.

Le fil du temps altère d'une façon ou d'une autre la réalité des choses au présent. Cependant le souvenir reste le même, peut-être s'embellit et s'idéalise davantage. De sorte que l'expérience du retour se voue inéluctablement à l'échec en raison du choc et de la déception de la rencontre. Le nostalgique ne retrouvant pas ce qu'il a laissé lors de son départ, et ce qu'il s'est impatiemment attendu à revoir, se trouve en face d'une grande désillusion, et c'est ce qui donne lieu à une nostalgie ouverte et inassouvie.

La deuxième hypothèse est que le nostalgique atteint d'une nostalgie ouverte, est depuis le début averti qu'il ne compensera pas le manque au moment du retour. L'objet de son désir lui échappe, il est indéfini. Le nostalgique, dans ce cas, se donne un motif pour ses fantasmes, essaye de croire qu'il attend à retrouver sa terre natale par exemple, mais au fond de lui, tout ceci ne lui signifie rien. En fait, la nostalgie n'est qu'un couvert à ses anxiétés.

Selon la pensée de ce philosophe ce type de nostalgique prétend être désappointé, ne serait-ce que pour repartir, il éprouve une satisfaction dans la confusion. « Qui sait si l'exilé n'était pas secrètement amoureux de son exil ? si l'errant n'était pas envoûté par son errance ? » (*L'Irréversible et la Nostalgie*, p. 363).

Jérôme Ferrari, dont nous avons choisi un nombre d'œuvres comme corpus d'analyse pour notre thèse de doctorat en préparation, est parmi les jeunes écrivains contemporains qui ont bien réussi à investir la nostalgie comme motif d'écriture, sans pour autant tomber dans les clichés d'une vision conservatrice et d'une écriture classique.

Dans le cadre de la présente réflexion, nous essayerons d'analyser à la lumière de la dichotomie de Jankélévitch quelques aspects de la nostalgie dans le dernier roman de notre écrivain, *Le Sermon sur la chute de Rome* (2012) et qui lui a fait décrocher avec mérite le prix Goncourt 2012.

Jérôme Ferrari (1968) est un écrivain et traducteur français, prenant ses origines de l'île de Corse. Cette jeune plume est caractérisée par l'originalité de l'imagination et le réalisme. Elle ajoute le beau au génie, captivant ainsi le lecteur dès la première phrase puis le laissant exalté et essoufflé durant de longs passages. Jérôme Ferrari adopte un style qui lui est propre empruntant consécutivement au registre académique par des termes d'une ample extravagance et des expressions solennelles très raffinées, travaillées et formulées avec un grand souci de perfection, ce qui lui a donné la qualité d'un écrivain prétentieux à l'écriture pompeuse chez les uns. Et d'écrivain désinvolte à l'écriture sordide chez les autres pour avoir employé le registre courant qui plonge dans le langage de tous les jours, un langage familier qui s'avère parfois même grotesque. Néanmoins, l'auteur de *Le sermon sur la chute de Rome* possède une langue française juste et nette, ce qui explique qu'il suscite tant d'admiration. Quant aux récits de cet écrivain, ils partent tous d'une intrigue banale, d'un évènement insignifiant pour être ensuite le croisement d'une réflexion philosophique et une autre spirituelle très profondes sur le vrai sens de la vie présentée à travers divers thèmes tels que : la famille, la mort, la stupidité, la cupidité, l'échec, mais indubitablement la nostalgie.

Dans *Le Sermon sur la chute de Rome*, Jérôme Ferrari fait retentir la voix de Saint Augustin, en semant dans le roman des fragments du célèbre sermon sur la chute de l'empire romain. Un sermon écrit en 410 à Hippone et par lequel le prêtre berbère a essayé d'expliquer aux fidèles émus et éperdus sous l'effet de la calamité inattendue, comment tout aura une fin, même les mondes qu'on croyait indestructibles. Cette fusion entre littérature, philosophie et aspect spirituel, relève de la volonté incontestable de l'auteur à approfondir la portée de son écriture. Ferrari, dans cette œuvre, a essayé encore une fois de s'étaler sur la question existentielle qui le préoccupait déjà depuis longtemps : « c'est quoi un monde ? » et ceci en s'inspirant de la pensée de Leibniz et de Saint Augustin.

L'auteur, lui-même vivant une expérience d'émigré depuis sa tendre enfance, a constaté que l'homme, le long de sa vie, aurait affaire à plusieurs mondes : mondes qui naissent, grandissent et meurent… et la conceptualisation de ces mondes-là, quel qu'il soit, l'enseignement qu'ils apportent gravitera, d'une manière ou d'une autre, autour d'une nostalgie : nostalgie d'un passé qu'on idéalise et qu'on veut ressusciter, nostalgie d'un présent qu'on aurait pu vivre ou nostalgie d'un futur qu'on veut vivre. La nostalgie donc chez Ferrari est le noyau de la création d'un monde et même si elle n'est pas le dessein, elle est le stimulus.

Ferrari affirme dans plusieurs de ses interviews que son cordon ombilical avec la terre de ses ancêtres n'a jamais été coupé. Et cette île méditerranéenne pour lui est la première muse. Le lecteur de *Le sermon sur la Chute de Rome* se retrouve donc, comme dans chacun des romans précédents[1] de Ferrari, projeté en Corse. Loin d'être fortuit ou issu d'une simple coïncidence, ce choix nous met déjà sur le pas d'une nostalgie de la terre des origines. Cependant, la multitude des fils narratifs dans l'œuvre permet de déceler la présence de plusieurs aspects de la nostalgie.

Traversant un siècle de temps, et suivant les rebondissements de l'existence d'une famille corse sur trois générations, l'intrigue alterne, entre autres, l'histoire du grand père Marcel, qui s'est engagé dans les rangs de l'armée française cherchant à s'affirmer et à surpasser les chétives possibilités que lui a toujours imposées son corps maladif. Et l'histoire du petit-fils Mathieu qui, avec son jeune ami d'enfance, Libero, a décidé de résilier son cursus pourtant réussi en philosophie dans une grande ville prometteuse, Paris, pour retourner au village d'origine. Pleins d'ambitions tous les deux essayent de redonner le souffle au tourisme qu'ils connaissaient prospère dans leur jeunesse à travers la gestion du petit bar local. Ce bar qu'ils rêvaient de rendre « le meilleur des

---

1. Mis à part : « Où j'ai laissé mon âme », où les évènements se passent en Algérie. Néanmoins les deux protagonistes principaux étaient corses. Jérôme Ferrari s'est longuement expliqué à propos de ce choix, que nous aurons l'occasion d'entamer dans notre thèse de recherche.

mondes possibles ». Les deux histoires que tout semble séparer, mis à part le lien sanguin des deux personnages (Matthieu et Marcel), se croisent pourtant sur le même dénouement qui est l'abominable désillusion, la fin d'un monde, comparée à la fin incroyable de l'empire romain.

Commençons donc par examiner un peu ce sentiment qui s'est emparé de Matthieu depuis son jeune âge et qui a joué un rôle capital dans sa destinée. Dans le roman, l'histoire de Matthieu commence vers le deuxième chapitre, où l'écriture fait aussitôt flash-back à l'enfance du personnage. Le récit se focalise exclusivement sur la période des vacances toujours passées en Corse dans la maison familiale. Et cette focalisation nous aidera à suivre aisément le mécanisme de développement de la nostalgie du protagoniste, et à comprendre comment ce dernier s'est-il forgé cette affection pour ses origines.

À l'âge de huit ans Matthieu avait commencé de découvrir l'île profonde, l'île féerique qui marquera à jamais son existence. Au début, il se rendait en Corse en famille pour rester recroquevillé dans la maison des grands-parents. Sa mère, inquiète de son caractère solitaire, l'avait entraîné à faire la connaissance d'un petit garçon de son âge : Libero.

> En fin d'après-midi, Libero vint frapper à leur porte et Mathieu accepta de le suivre dans le village et il se laissa guider dans un chaos de chemins secrets, de sources, d'insectes merveilleux et de ruelles qui s'agençaient peu à peu en un espace ordonné jusqu'à former un monde qui cesse bien vite de l'effrayer pour devenir son obsession (Ferrari, 30).

Une obsession qui ne cesse de s'accentuer, de prendre le dessus sur ses décisions et ses penchants « Plus les années passaient et plus la fin des vacances donnait lieu à des scènes pénibles… Matthieu ne vivait plus que dans l'attente de l'été » (Ferrari, 30).

Il accuse ses parents d'être des monstres d'égoïsme parce qu'ils refusent de s'installer définitivement au village. À l'âge de l'adolescence, Matthieu ne voit les choses qu'à travers son attachement à la Corse. Il vit l'amertume dans son éloignement de cette patrie et, au fil du temps, il constate que nulle vie d'ailleurs ne le concernait.

Le jeune adolescent s'élance corps et âme dans le dévoilement des secrets de la vie dans le village « avec une aisance d'ethnologue chevronné » (Ferrari, 35). Il apprend à s'habituer au rythme d'un quotidien hybride aux couleurs de la montagne, du maquis, de la ville et de la mer. Il s'accroche à tout ce qui compose l'identité et la culture Corse, il assume tout ce qui s'offre à sa curiosité et parfois même sans intelligence, car son amour propre pour cette terre lui comble et lui suffit. À l'exemple du dialecte autochtone, qu'il n'a su jamais apprendre et pourtant il parvient à le savourer et « son bonheur était parfait » (Ferrari, 37), « il parlait avec Virgile et son frère dans une langue que Matthieu ne comprenait pas mais dont il savait qu'elle était la sienne » Ferrari, 38).

Pour Matthieu, sa vie et ses études à Paris n'étaient qu'un passage inévitable auquel il était totalement indifférent. Insensible à tout projet d'intégration, il s'empêche même de nouer des relations humaines sérieuses. Sa nostalgie de la terre ancestrale devient un rêve duquel il ne peut se détacher de jour comme de nuit, il se nourrit de l'espoir du retour et il attend inlassablement le jour où il réalisera son but. L'occasion se présente lorsque Libero, délaissant ses études, et arrivant au bout de son désespoir, lui propose de reprendre la gérance du bar du village, qui jusque-là a connu assez de patrons se succédant à « magnifier » sa faillite. « Matthieu fut bien évidemment enthousiaste » (Ferrari, 61). Car il « réalisait son rêve immémorial, (…) saccageait avec une joie sauvage son passé livré aux flammes (à Paris) » (Ferrari, 63).

Les deux jeunes, à l'aide des conseils d'amis connaisseurs dans le domaine et du soutien familial (bien que remporté péniblement en ce qui concerne Matthieu), ont réussi à réanimer la vie touristique du village toute la saison estivale, les affaires marchaient à merveille et le projet du bar a pu tirer bénéfice même en plein hiver.

Cette aventure a joué son rôle décisif dans la mue que connaissait la personnalité de Matthieu. Elle prolongeait donc sa conviction que le retour était la fin de ses misères.

> Matthieu se comportait comme s'il lui fallait s'amputer de son passé, il parlait avec un accent forcé qui n'avait jamais été le sien, un accent d'autant plus ridicule qu'il lui arrivait de le perdre au détour d'une phrase avant de se raviser en rougissant et de reprendre le cours de sa grotesque dramaturgie identi-

taire d'où la moindre pensée, la plus petite manifestation de l'esprit étaient exclues comme des éléments dangereux. (Ferrari, 9).

Dans le cas de Matthieu, le retour était donc le remède de sa nostalgie close dont l'objet était la terre des origines qui le hantait. Cependant, le dénouement de l'histoire de Matthieu était si inattendu, et prenait une touche philosophique. Ferrari nous explique que cette nostalgie était trop excessive, et « les excès tuent plus sûrement que les épées » comme disait le proverbe chinois. L'émotion continue à envahir le protagoniste et ses réactions et les élans de son bonheur prennent la forme d'un rideau qui l'empêche de voir l'autre face des choses. Et comme l'écriture de cet auteur se base sur l'idée que chaque monde est destructible, le monde de ce personnage, quoiqu'il paraisse si harmonieux, n'était pas épargné à la règle car « Le démiurge n'est pas le Dieu créateur » (Ferrari, 99). C'est ainsi que commence la phase inverse, celle de « la chute ». Mais étrangement, ce sont les symboles même du bonheur interminable de Matthieu, qui causent sa ruine. L'auteur nous a donc montré comment l'homme par sa propre volonté, par ses excès : excès d'amour, excès de haine, excès de nostalgie ou d'attachement, détruit ses réalisations, parfois même sans s'en rendre compte.

Matthieu, noyé dans la béatitude et l'admiration d'un monde qu'il croyait parfait, perd de plus en plus de son sens de la réalité. Sa vie se dépouille de toute autre notion de bonheur que celle qui gravite autour de son « Moi ». Il manque à ses responsabilités et le devoir ne lui signifie qu'importunité. À la mort de son père, Matthieu n'était pas triste, il a beau cherché son chagrin, mais il n'a pu rien ressentir : « Matthieu regardait la mer et il savait que son insensibilité n'était rien de plus que le symptôme irréfutable de sa bêtise. » (Ferrari, 154).

Les évènements se suivent, le bar voit sa petite communauté se disperser, l'unité du personnel fut brisée par les vices qui assombrissent le cœur humain, et au moment où le jeune homme s'obstine dans son assourdissement, son ami Libero décidait d'abandonner le projet qui ne lui représentait, dès lors, pas plus qu'une connerie humaine, laissant Matthieu vacillant, incapable d'envisager un autre avenir. La fin fut encore plus brutale quand Libero commit un crime et fut emprisonné. D'un seul coup, tout le beau monde auquel retournait Matthieu s'envola. Il a pris de nouveau le départ pour Paris où il a épousé

Judith. Et « en huit ans, il n'est revenu en Corse qu'une seule fois, pour témoigner au procès de Libero, à la Cour d'assises d'Ajaccio, mais n'a jamais remis les pieds au village » (Ferrari, 195). La désillusion était donc si violente qu'elle a dominé le sentiment urgent de la nostalgie. Le besoin vital de se retrouver en Corse fut anéanti sous l'emprise de la vérité, une vérité qui dit que le monde a une fin.

Examinons maintenant notre deuxième personnage : Marcel, le grand-père de Matthieu qui vit un différent type de nostalgie, moins dénoté. Idem pour ce personnage, dès le début du roman, le lecteur assiste à une longue réminiscence de son passé. Mais cette fois, avant de raconter son enfance, le récit s'ouvre sur une scène assez signifiante. C'est celle de Marcel (après tant d'années) contemplant une photo familiale, une photo dont il n'a pu se détacher toute sa vie, alors qu'il n'y apparaissait même pas.

Marcel regarde cette photo avec beaucoup d'émotions confuses, oscillant entre la colère envers « tous ceux qui vont bientôt l'entourer de leurs soins, peut-être de leur amour » (Ferrari, 12), parce qu'ils ne pensaient pas encore à lui; et la nostalgie, une nostalgie indéfinie à laquelle le nostalgique lui-même ne trouve pas une explication, car au moment où la photo a été prise, il n'était pas encore né ni conçu.

Marcel pense que par le rituel qu'il avait adopté (celui de fixer cette photo quotidiennement), il puisse garder sa famille à l'égard de l'oubli, vivante, saine et intacte aux désastres qui vont s'abattre sur elle et l'anéantir pendant les années qui viennent : «lui qui est maintenant leur unique et fragile rempart contre le néant, et c'est pour cela qu'il sort encore cette photo du tiroir où il la conserve soigneusement, bien qu'il la déteste comme il l'a, au fond, toujours détestée, parce que s'il néglige un jour de le faire, il ne restera plus rien d'eux» (Ferrari, 13).

Il est possible que cette douce nostalgie de Marcel ne soit qu'un déguisement d'une profonde amertume, que ce geste protecteur de « remémoration » ne soit que la manifestation tempérée d'une jalousie ou d'une culpabilisation, car ce moment magique et exceptionnel de joie, a toujours manqué à son enfance à lui. Il imagine cette journée d'été, où le photographe a éternisé ce moment, dans ses moindres détails « Ils ont sorti les habits de fêtes qu'ils ne mettent jamais (…) avant de monter tous ensemble vers l'école, sans doute heureux… » (Ferrari, 12).

Il est nostalgique à un monde où il n'existait pas, parce qu'il croit que le monde d'avant son arrivée était meilleur, tout était dans l'ordre et cette photo en est le témoin. Il est nostalgique à cette réunion qui, malgré la laideur de la pose, semblait être si harmonieuse sans sa présence « ils sont réunis et Marcel n'est pas là » (Ferrari,12), lui qui a vécu dans la peur permanente d'être l'enfant non désiré « Marcel a toujours imaginé –il a toujours craint- de n'avoir pas été voulu mais seulement imposé par une nécessité cosmique impénétrable » (Ferrari, 14).

Une autre hypothèse s'offre lors d'une lecture plus romancée de la nostalgie de Marcel. L'objet de son émotion n'est peut-être que l'affection maternelle, une affection qui pour longtemps était la seule douceur de sa vie, et qu'il s'obstinait à croire qu'elle lui était exclusivement destinée. Une affection qui s'incarne dans le regard de sa mère sur cette photo « et à chaque fois qu'il croise le regard de sa mère, Marcel a l'irrépressible certitude qu'il lui est destiné et qu'elle cherchait déjà, jusque dans les limbes, les yeux du fils encore à naître, et qu'elle ne connait pas. » (Ferrari, 11-12).

La mère de Marcel est pour lui le symbole du courage et de la persévérance, elle, la femme analphabète, ignorante, impuissante, toute seule, avant sa naissance, a pu préserver sa famille contre tous les maux et les peines.

L'Archange avait depuis longtemps regagné son séjour céleste d'où il restait sourd aux prières et aux processions, il s'était détourné de ceux qui mouraient, à commencer par les plus faibles, les enfants, les vieillards, les femmes enceintes, mais la mère de Marcel restait debout, inébranlable et triste, et le vent qui soufflait sans relâche autour d'elle épargnait son foyer (Ferrari,15).

Quelques pages après, on se trouve devant la description d'une enfance misérable, pleine de douleurs et de morosités. Une enfance qui n'a laissé au souvenir aucune gaieté car il n'était pas question pour Marcel de vivre mais de survivre :

> Quand on l'extirpa du ventre de sa mère, Marcel demeura immobile et silencieux pendant de longues secondes avant de pousser brièvement un faible cri (…) ses parents le firent baptiser dans l'heure. Ils s'assirent près de son berceau en posant sur lui un regard plein de nostalgie, comme s'ils l'avaient déjà perdu, et c'est ainsi qu'ils le regardèrent pendant toute son enfance (Ferrari, 15).

Marcel, depuis tout petit, avait à lutter contre la maladie et la déception et, pour s'en sortir, il s'est réfugié dans le rêve d'un ailleurs fabuleux où tout est bonheur, car : « de l'autre côté de la mer, il y avait un monde, un monde palpitant de vie dans lequel les hommes savaient encore faire autre chose que prolonger leur existence dans la souffrance et le désarroi, un monde qui pouvait inspirer d'autres désirs que celui de le quitter au plus vite (…) un monde nouveau » (Ferrari, 18).

Ce n'est pas la terre natale qui envoûtait Marcel, ni l'amour de ses racines, c'est un autre espace qu'il ne connaissait pas, qu'il brûlait de passion en attendant de le découvrir « il ne veut pas quitter son village pour aller s'enterrer dans un autre village désespérément semblable, accroché comme une tumeur au sol d'une île dans laquelle rien ne change car, en vérité, rien ne change ni ne changera jamais » (Ferrari, 68).

Et en effet, il a pu réaliser son rêve, il est parti pour découvrir ce monde et assouvir cette nostalgie de l'inconnu et de l'aventure.

Pendant de longues années, Marcel fait la sourde oreille à l'envie du retour qui le rongeait : « Il jette des regards inquiets vers le port en essayant de résister aux séductions vénéneuses de la nostalgie et il se bouche les oreilles car il a peur d'entendre, depuis l'autre côté de la mer, la douceur de voix aimées qui l'invitent à revenir vers les limbes dont il est issu. » (Ferrari, 73).

C'était ainsi tout le reste de son existence, à chaque fois que la vie lui impose de revenir sur son île, il trouve moyen pour s'y échapper de nouveau, vers le monde qu'il a toujours adoré, une fois loin le supplice de l'éloignement s'empare de lui.

Conclusion

L'écriture de Jérôme Ferrari nous offre une grande diversité de prototypes de nostalgie ; ces derniers diffèrent selon l'objet du désir du nostalgique, mais aussi selon son caractère et sa conduite, car la complexité psychologique et les circonstances privées que vit le personnage peuvent bien influencer sa perception des choses. Aussi, le contexte général des intrigues a-t-il modifié la dénotation et le degré de poétisation de la nostalgie dans le texte. Entre une époque de guerre où la terre natale est le lieu de calomnies et de chagrins et une époque de relance économique où cette même terre devient le paradis rêvé où tout paraît possible, la nostalgie n'est certes pas identique.

Le Sermon sur la Chute de Rome, malgré la densité spirituelle de son contenu, et le trait philosophique qui enveloppe certaines de ses longues séquences, nous a permis d'examiner comment le sentiment de nostalgie bien qu'il soit un sentiment des plus connus, peut bien se fusionner dans des textes si complexes, s'adapter, voire même mettre en valeur les finalités de l'écriture et le noyau de la pensée de l'écrivain.

Le clivage auquel avait abouti l'analyse de Jankélévitch, nous a permis donc de distinguer dans le texte de Ferrari deux formes de nostalgie qui ont la particularité d'être opposées. Nous avons repéré, d'une part, quand est-ce que le retour à la terre natale ou d'origine soit-il le remède à une lente agonie. Aussi notre petite investigation nous a-t-elle permis de constater que ce n'est pas seulement la distance qui peut déclencher la nostalgie ou l'aiguiser (Marcel n'était jamais contrarié à quitter l'île de son enfance), l'âge également n'est pas un facteur primaire (chez Matthieu, la nostalgie et le rêve du retour le berçaient depuis tout petit).

L'intérêt de comprendre la nostalgie chez les deux personnages que nous avons essayé de discerner dans cet article, n'est pas uniquement d'éclaircir un coin de l'âme humaine ou d'élaborer un modèle applicable aux cas manifestant le même syndrome de nostalgie, mais aussi d'appréhender le processus d'évolution de ce sentiment chez l'un et l'autre, et de saisir le rôle important que joue un sentiment aussi banal « à première vue » dans les détournements de l'existence.

Meriem HAFI MERIBOUTE, PhD Cand.

Bibliographie

AUBEL, François, *Jérôme Ferrari à la croisée des mondes*, 02 novembre 2012, http://evene.lefigaro.fr/livre/actualit/jerome-ferrari-a-la-croisee-des-mondes-1278334.php. Consulté le 12 mars 2015.

FERRARI, Jérôme, *Le sermon sur la chute de Rome*, Paris : Actes Sud, coll. « Domaine français », 2012.

---, *Variétés de la mort*, Ajaccio, Paris : Albiana, 2001.

JANKELEVITCH, Vladimir, *L'Irréversible et la Nostalgie*, Paris : Flammarion, 1974.

KUNDERA, Milan, *L'Identité*, Paris : Gallimard, 1997.

PROUST, Marcel, *À la recherche du temps perdu,* Volume 1. *Du côté de chez Swann*, Paris : La Nouvelle Revue Française, coll. Ma Bibliothèque, 1927.

SAINT-EXUPÉRY, Antoine de, *Le Petit Prince,* chapitre XXIV, in Œuvres Complètes II, Paris : Gallimard, Coll. « Bibliothèque de la Pléiade », 1999.

Pour citer cet article :

Meriem HAFI MERIBOUTE, « Aspects de la nostalgie dans *Le sermon sur la chute de Rome* de Jérôme Ferrari ». *Revue Legs et Littérature*, 2015 | no. 5, pages 55-67.

DE LA CAMPAGNE À LA VILLE :
la mise en récit de Port-au-Prince

Wébert CHARLES est économiste de formation. Spécialiste en management des organisations culturelles, il est diplômé en Sciences économiques de l'Université de Port-au-Prince et en Économie et Gestion des entreprises d'économie sociale et solidaire à l'Université Ouaga II du Burkina Faso. Il travaille actuellement sur les enjeux du management interculturel pour l'obtention du diplôme de maîtrise en Économie des organisations et Gouvernance à l'Université de Picardie Jules Verne (Amiens). Poète, nouvelliste, il est l'auteur de trois recueils de poèmes : Pour que la terre s'en souvienne (2010), Que l'espérance demeure (2012) et Marèl (2013).

Résumé

Parler de géographie en littérature n'est pas chose courante. Ainsi, préférons-nous parler de l'histoire de la littérature ou de la littérature de l'histoire au lieu de la géographie littéraire. Ceci est peut être dû à une confusion conceptuelle, car la géographie de la littérature englobe tant la discipline qui étudie la répartition des écrivains dans l'espace, l'influence de l'espace sur la pensée ou la création littéraire (Montesquieu, Mme de Staël) mais aussi la représentation que fait la littérature de la nature. C'est sur ce dernier sens que nous allons développer notre travail sur la mise en récit de Port-au-Prince et faire, d'entrée de jeu, un plaidoyer pour la géographie de la littérature vue au sens qui nous intéresse, c'est-à-dire à l'évocation de l'espace dans la création littéraire.

L'opposition entre Histoire et Géographie en littérature semble être un jeu à somme nulle. C'est-à-dire quand une discipline gagne du terrain, une autre en perd automatiquement. N'est-ce pas Daniel Pennac qui écrit dans son roman *La fée Carabine* (1987) « Écrire l'histoire c'est foutre la pagaille dans la géographie »[1] ? Ce désaccord est peut-être dû à une certaine conception de la

---

1. Daniel Pennac, *La fée carabine*, Paris : Éd. Folio no. 2043, p. 202.

littérature. Gothold Ephraïm Lessing, critique littéraire allemand du 18ème siècle, dans son livre *Laocoon ou Des limites respectives de la poésie et de la peinture* (1768), divise les Lettres et les Arts en deux catégories, s'inspirant des travaux de James Harris : ceux qui sont liés au temps (La littérature, la musique) et ceux qui sont liés à l'espace (La peinture, la sculpture). James Harris, pour sa part, parlait de représentation diachronique pour les premiers et de représentation synchronique pour les seconds[2]. Ce qui fait que la littérature, selon cette conception, serait incapable de rendre compte de l'espace (la géographie) étant dans le temps (l'histoire).

Penser que la littérature est de l'ordre d'une représentation diachronique, c'est admettre que le roman (par exemple) ne décrit pas, mais raconte. Heureusement que ce n'est pas le cas. Le roman, nous dit Stendhal citant Saint-Réal dans l'épigraphe du chapitre 13 de la première partie de *Le Rouge et le Noir* (1830), est « un miroir qu'on promène le long d'un chemin »[3]. Et plus loin, il poursuit « Tantôt il [le roman] reflète à vos yeux l'azur des cieux, tantôt la fange des bourbiers de la route »[4]. Par-là même, le roman offre une image de l'espace, parfois caricaturale, mais essentielle. Ne faut-il pas caricaturer pour mieux faire ressortir les traits ? Ainsi, notre intérêt se porte sur les représentations de la ville de Port-au-Prince dans le roman haïtien. Représentations certes caricaturales, mais essentielle pour comprendre l'appropriation de l'espace par les créateurs. Ce que Jean Hérarld Legagneur a fait pour les fresques de Préfète Duffaut. Mais dans notre cas, le roman ne constitue pas « un projet d'aménagement du territoire »[5], mais une perception symbolique de ce territoire (Port-au-Prince). Dans cette démarche, « l'espace fictif devient moyen de critique de l'existant, dans l'utopie » (Nathalie Aubert).

Quel rapport existe-il entre la ville rêvée (fictive) et la ville réelle (physique) ? Pourquoi cette urbanisation du paysage romanesque haïtien ? Comment la littérature perçoit-elle la ville ? Ce sont là, entre autres, nos préoccupations.

---

2. Élisabeth Décultot, « Le Laoconn de Gothold Ephraim Lessing. De l'imaginaire comme fondement d'une nouvelle méthode critique », in *Les études philosophiques*, Paris : PUF, no. 65, 2003.
3. Stendhal, *Le Rouge et le Noir*, Éd. Feedbooks, 2009, p. 84.
4. Ibid, pp. 371-372
5. Jean Hérarld Legagneur, « Les villes imaginaires de Préfette Duffaut ou les modalités de résolution du problème de chaos urbanistique haïtien », in *Rencontre*, Port-au-Prince : Imp. Résopresse, no. 31, 2014. p. 94.

La naissance du personnage « Port-au-Prince »

Port-au-Prince est un personnage assez récent dans le roman haïtien. Jusqu'avant la période contemporaine, le roman haïtien était soit un roman psychologique (Génération de la Ronde) soit un roman de campagne (Indigénisme). Les quatre romanciers les plus connus de la Génération de la Ronde, à savoir Justin Lhérisson, Fernand Hibbert, Frédéric Marcelin et Antoine Innocent, ne se sont pas réellement intéressés à l'espace dans lequel évoluent les personnages mais à la psychologie de ces derniers. De telle sorte que le roman réaliste haïtien, ce que l'histoire littéraire officielle appelle le roman national, n'est autre qu'un roman psychologique. Justin Lherisson s'est plu à nous à décrire la psychologie du prolétariat haïtien et les rapports qu'ils entretiennent entre eux dans ses deux lodyans, *La famille des Pitite-Caille* (1905) et *Zoune Chez sa Ninnaine* (1906). Tandis que Frédéric Marcelin et Fernand Hibbert nous ont décrit respectivement la classe moyenne et la bourgeoisie de Port-au-Prince. Le personnage Port-au-Prince n'est pas encore né. Et ce n'est pas l'indigénisme qui va lui donner naissance. En effet, le roman indigène est, par sa nature même, un roman de campagne. De la trilogie de Jean-Baptiste Cinéas[6], à *Bon Dieu rit* (1952) d'Edris Saint-Amand, en passant par *Gouverneurs de la rosée* (1944) de Jacques Roumain, le roman se déroule, dans la plupart des cas, en milieu rural. Il s'agissait pour ces auteurs de décrire la vie des paysans dans leur environnement réel et immédiat.

La tendance semble s'inverser quand on s'approche de l'époque contemporaine. Les personnages humains semblent devenir de moins en moins la préoccupation des auteurs. Port-au-Prince, devient un protagoniste à part entière. Que ce soit chez Lyonel Trouillot, Yanick Lahens, Gary Victor, Louis-Philippe Dalembert ou Émile Ollivier, la capitale acquiert le statut de personnage romanesque, peinte presque de la même manière chez ces écrivains, dans un pessimisme noir. Ce changement de *topos* dans le roman haïtien, passant du roman paysan à ce qu'on appelle aujourd'hui l'urbanisation de l'espace romanesque haïtien, suit l'évolution démographique du pays, de telle sorte qu'on serait en droit de dire que ces phénomènes sont proportionnels.

---

6. *Le drame de la terre* (1933), *La vengeance de la terre* (1940) et *L'héritage sacré* (1945).

Nommer la ville : Port-au-Prince et ses sobriquets

Si pour nommer un héros ou un antihéros, le romancier a parfois recours à des noms qui traduisent le caractère de ce personnage, par exemple Man Bo et Joyeuse dans *Dans la maison du père* (2000) et *La couleur de l'aube* (2008) de Yanick Lahens, Calédu dans *Amour, Colère et Folie* (1968) de Marie-Vieux Chauvet ou Tòtòt dans *Ce pays qui m'habite* (2002) de Georges Anglade, il en est de même pour la ville de Port-au-Prince. Les romanciers utilisent des noms sombres pour nommer la capitale. Dans son roman *Compère Général Soleil*, paru aux éditions Gallimard en 1955, Jacques Stephen Alexis parle de Port-aux-Crimes, pour nommer la ville de Port-au-Prince : « Port-aux-Crimes est couché là, aux pieds du morne »[7].

Le romancier Émile Ollivier reprendra ce terme dans son roman *Mère-Solitude* (2005). Mais, c'est toute une pléiade de sobriquets qui sera utilisée par l'auteur : « Trou-aux-Vices », «Trou-aux Assassins», «Trou aux Crimes»...

Pour Georges Anglade, il s'agit plutôt de Port-aux-Morts. En effet, dans ses lodyans tirées de *Ce pays qui m'habite*, toute une partie est dédiée à Port-au-Prince et à la dictature dans laquelle croupit la ville. Où les morts sont plus nombreux que les vivants : « Il se dresse encore trente mille couverts de trop à chaque repas à Port-aux-Morts »[8].

Louis-Philippe Dalembert parle dans la plupart de ses récits de Port-aux-Crasses. Que ce soit dans *Le songe d'une photo d'enfance* (1993), ou dans *Le crayon du Bon dieu n'a pas de gomme* (1996) voire *Les dieux voyagent la nuit* (2006), Port-aux-Crasses est cette ville macabre, plongée dans un rapport symétrique avec la ville réelle.

Un dernier sobriquet, celui d'Edgard Gousse, sans doute le plus coquet, est Port-aux-Putes. Dans un roman paru en 2009 aux éditions Monde Global (France) intitulé *Le fils du président*, le linguiste Edgard Gousse brosse une image d'Haïti dans un réalisme merveilleux, ou les villes portent des noms très significatifs. « Dans la même matinée, vers les onze heures, à Port-aux-Putes, des rues entières étaient remplies de jeunes, des écoliers et des étudiants venus manifester leur sympathie aux familles des adolescents de Cité Colère

---

7. Jacques Stephen Alexis, *Compère Général Soleil*, Paris : Gallimard, Coll. L'imaginaire, 1955, p. 14.
8. Georges Anglade, *Ce pays qui m'habite*, Outremont : Lanctôt Éditeur, 2002, p. 58.

tombés sous les balles assassines des Forces de l'Occupation »[9].

Il existe une pluralité de façons pour les écrivains de nommer la ville de Port-au-Prince. Mais toutes renvoient à une image négative de la capitale. Les noms parlent d'eux-mêmes.

À côté de la désignation du personnage Port-au-Prince, se joue sa construction, sa mise en récit. Voyons à présent, comment les écrivains construisent ce personnage au-delà du simple nom qu'ils le désignent.

Que ce soit chez Yanick Lahens ou chez Jacques Stephen Alexis, Port-au-Prince est une ville humaine. Dans les premières pages de *Compère Général Soleil*, Jacques Stephen Alexis brosse un(e) Port-au-Prince anthropomorphe. Une fille avec des bijoux électriques.

> « Port-aux-Crimes est couchée là, aux pieds du morne ; couverte de chrysocales brillantes et éclaireuses comme une fille endormie, les gigues écartées sur le morne dont les arbres emmêlés font des touffes de poils. Son flanc dessine la baie vorace, sa tête croule derrière le Fort-National, épaule sombre couverte des cheveux égaillés que les broussailles crépues. Port-au-Prince, la nuit est une belle fille, une fille couverte de bijoux électriques, de fleurs de feu qui brûlent... » (Alexis, 14)

Le personnage (au féminin) n'est pas si différent chez Yanick Lahens. Dans son récit *Failles* (2010) et également dans son roman *Guillaume et Nathalie* (2012), Yanick Lahens nous campe "une" Port-au-Prince victime d'un désastre. Mais, il s'agit toujours d'une fille violée ou "chevauchée" (pour reprendre le mot de l'auteur) par un séisme ou une putain dépravée. Mais une ville nue quand même, comme chez Jacques Stephen Alexis, avec des «cheveux égaillés» :

> « le 12 janvier 2010 à 16 heures 53 minutes, dans un crépuscule qui cherchait déjà ses couleurs de fin et de commencement, Port-au-Prince a été chevauchée moins de quarante secondes par un de ces dieux dont on dit qu'ils se repaissent de chair et de sang. Chevauchée sauvagement avant de

---
7. Edgard Gousse, *Le fils du président*, Éd. Monde Global, 2008.

s'écrouler cheveux hirsutes, yeux révulsés, jambes disloquées, sexe béant, exhibant ses entrailles de ferraille et de poussière, ses viscères et son sang. » (Lahens, 147)

Comme vous le voyez, le vocabulaire employé par Yanick Lahens laisse croire qu'il s'agit d'un viol. « Chevauchée, chair, sang, sauvagement, jambes disloquées, sexes béant, entrailles, livrée, déshabillée, nue… ».

Mais, dans ce roman, les deux protagonistes, ont chacune une image de la capitale. Pour Nathalie, c'est l'image de la ville sexuée, sexuelle, donc érotique. Selon elle, Port-au-Prince est une Putain, la ville *Gédé* par excellence : « Ma ville à moi, quand elle n'est pas en guenilles, est en string et minijupe. Port-au-Prince putasse et dépravée ».

Port-au-Prince : ville-chaos

Quand Port-au-Prince n'est pas une putain, c'est une ville chaotique. Et pour illustrer, nous nous contenterons de prendre les descriptions faites de trois romans écrits respectivement par Gary Victor, Jean-Claude Fignolé et Lyonel Trouillot.

Gary Victor est connu comme un auteur qui fait de l'imagination excessive, sans borne, le pilier de son œuvre. Ainsi, dans *À l'angle des rues parallèles* (2000), Port-au-Prince devient une ville chaotique, où les mouches prennent le dessus sur les humains, où le ravin Bois de Chêne est plus propre que la ville. Une ville où tout est à l'envers. En effet, les écritures s'inversent et les miroirs deviennent aveugles. N'est-ce pas là une réponse à la théorie du miroir stendhalienne, citée plus haut ? Que devient le réalisme ou la ville réelle quand les miroirs sont aveugles ?

Chez Jean-Claude Fignolé, dans son roman *La dernière goutte d'homme* (1999), Port-au-Prince est une ville de tous les malheurs, un *immense cimetière*. « Port-au-Prince indifférente, s'étale, immense cimetière sur lequel flottent la peur et lâcheté » (Fignolé, 23).

Pour finir, dans son livre *La belle amour humaine* (2011), Lyonel Trouillot nous décrit la ville dans un parallèle avec la campagne. Parallèle qui nous fait revenir aux romans de campagne cités plus haut. Port-au-Prince est une ville bruyante, où les klaxons, et les immondices jouent leur théâtre, par opposition à Anse-à-Fôleur, village symbolique du livre. Port-au-Prince, ville chaotique, assourdissante et morbide puis Anse-à-Foleur, village de paix, de silence et de vivre-ensemble.

Ce livre est, avec *Bain de lune* (2014) de Yanick Lahens, l'un des rares, sans tomber dans un indigénisme historique, nous offrant une nouvelle perspective de révision du paysage littéraire haïtien, en faisant la route inverse à celle faite par Zoune de Justin Lherisson il y a plus d'un siècle, laissant Pays-Pourri pour venir à Port-au-Prince (exode rural). Dans *La belle amour humaine*, il s'agit de fuir implicitement le vacarme de Port-au-Prince pour se reposer à Anse-à-Fôleur, village symbolique, qui peut être n'importe quel village en dehors de la capitale, nous permettant de respirer un nouvel air dans le paysage romanesque, de fuir cette dégradation dans la littérature (pour reprendre un mot de Raphael Lucas) pour s'installer parmi les arbres, les fruits mûrs et les vagues houleuses de la mer des Caraïbes.

Wébert CHARLES, MSc.

Bibliographie

ALEXIS, Jacques Stephen, *Compère Général Soleil*, Paris : Gallimard, Coll. L'imaginaire, 1955.

ANGLADE, Georges, *Ce pays qui m'habite*, Outremont : Lanctôt Éditeur, 2002.

DALEMBERT, Louis-Philippe, *Le songe d'une photo d'enfance*, Paris : Le Serpent à Plumes, 1993.

DECULTOT, Élisabeth, « Le Laoconn de Gothold Ephraim Lessing. De l'imaginaire comme fondement d'une nouvelle méthode critique », in *Les études philosophiques,* Paris : PUF, no. 65.

STENDHAL, (Henri Beyle), *Le Rouge et le Noir*, Paris : Feedbooks, 2009.

FIGNOLÉ, Jean-Claude, *La dernière goutte d'homme*, Montréal : Regain/CIDIHCA, coll. Bibliothèque Haïtienne, 1999.

GOUSSE, Edgard, *Le fils du président*, Port-au-Prince : Monde Global, 2008.

LAHENS, Yanick, *Guillaume et Nathalie*, Paris : Points, 2014.

OLLIVIER, Émile, *Mère-solitude,* Paris : Albin Michel, 1983.

PENNAC, Daniel, *La fée carabine*, Paris : Éd. Folio,

ROUMAIN, Jacques, Gouverneurs de la rosée, Port-au-Prince : Imprimerie d'État, 1944.

SAINT-AMAND, Edris, *Bon Dieu rit*, Port-au-Prince : Les Éditions du soleil, 1978.

VICTOR, Gary, *À l'angle des rues parallèles*, Port-au-prince : Imprimeur II, 2000.

Pour citer cet article :

Wébert CHARLES, «De la campagne à la ville : la mise en récit de Port-au-Prince ». *Revue Legs et Littérature*, 2014 | no. 5, pages 69-77.

L'exil, cet unique chemin du retour !

Jean James Estépha a étudié les Lettres Modernes et la Psychologie à l'Université d'État d'Haïti. Détenteur d'un diplôme en Sciences du Langage et de la Communication de l'Université Rouen avec une spécialisation en FLE (Français Langue Étrangère) et d'une maîtrise en Lettres, Langues, Civilisation et Communication de l'Université des Antilles et de la Guyane (UAG), il travaille actuellement sur les rapports entre la littérature et le cinéma, et son rôle dans l'éveil du goût de la lecture chez les jeunes.

Résumé

Haïti est une terre d'exilés. Aussi, l'écriture de l'écrivain haïtien vivant en terre étrangère est fortement marquée par la thématique de l'exil. Les textes Coup de poing au soleil *et* Au gré du souvenir *peuvent le témoigner. Si l'exil est atroce, l'écrivain a l'avantage de revenir au pays grâce à son activité d'écriture. Écrire, en ce sens, est aussi un chemin privilégié d'un retour certain quand le retour physique est hypothétique. C'est peut-être là, l'unique avantage de l'écrivain haïtien exilé !*

Pour de nombreux critiques, parler de la thématique de la migration semble aller de soi quand il s'agit de la littérature d'Haïti, un pays qui s'est historiquement constitué autour de la migration forcée. Si les haïtiens sont, en somme, des migrants de l'Afrique et de l'Europe, leurs descendants, qui n'ont connu que cette terre d'Amérique, ont commencé à laisser leur pays en grand nombre au début et à la moitié du vingtième siècle. Partant de ce constant, certains affirment que cette littérature est faite de l'ailleurs.

Fuite, dehors, déracinement, ailleurs, diaspora, terre natale, extérieur..., le champ lexical de la migration est assez riche mais quand elle est forcée, elle porte un nom aussi douloureux que déconcertant : l'exil. Quand il arrive à un écrivain, les interrogations et les réflexions qu'il soulève sont pour ainsi dire interminables : est-il un simple déplacement ? Que peut vouloir dire, pour un écrivain, habiter un pays ? Comment celui-ci vit-il l'exil ? La création littéraire de l'écrivain haïtien n'est-elle pas tributaire d'une certaine forme d'exil ? La célébrité de certains écrivains haïtiens découle-t-elle de leur situation d'exilé ? Être en exil et écrire sur son pays a-t-il le même sens pour tous les écrivains ? Des questions qui prendront longtemps avant d'avoir une réponse ou qui n'en trouveront jamais si toutefois on arrive à montrer qu'il n'existe pas de littérature d'exil. Quoi qu'il en soit, pendant deux siècles de littérature, Haïti, quand elle n'est pas le sujet principal de l'œuvre de l'écrivain en exil, y occupe une place prépondérante, souvent visible au premier et parfois au second degré. *Au gré du souvenir* (1913), texte écrit par Fréderic Marcelin, semble répondre à la première caractéristique tandis que *Coup poing au soleil* (2004) de Joubert Satyre paraît plutôt appartenir à la deuxième catégorie.

La pédagogie de l'exil

Tout semble opposer les deux ouvrages. *Au gré du souvenir* est un essai, *Coup poing* au soleil est un recueil de poèmes. Le premier a été publié en 1913 ; le second en 2004. Pourtant, un certain nombre de ressemblances rapproche les deux textes : ils sont tous deux écrits par deux haïtiens ; deux haïtiens qui, au moment de l'acte d'écriture, se trouvent hors de la terre natale. En ce sens, être en dehors du pays de gré ou au gré des circonstances nous apprend-il à nos dépens que, pour répéter Georges Anglade, ce pays nous habite ? Quel que soit la réponse, on peut se rendre compte que, quelquefois, quand l'écrivain est en dehors de sa terre natale, il est ramené à des évidences longtemps insoupçonnées.

Le rendez-vous avec le soleil d'Haïti, tous les matins, semble être un acquis éternel même quand l'écrivain se rend compte que le jour n'est plus le même. Quand sous d'autres cieux, le soleil est absent tous les matins on ne se rend plus compte de la transition entre le jour et la nuit. Il n'existe alors plus de certitudes. C'est là que la poésie intervient pour ponctuer les différences d'avec la terre natale :

> chaque jour qui se lève
> est une injure au jour
> chaque jour qui se meurt
> est un parjure du ciel (*Coup de poing au soleil*, p. 63).

quel homme d'ici a jamais été
en amour avec le jour (p. 64)

De plus, le pays blanc (homme et neige) rappelle brutalement
au poète qu'il n'est pas chez lui :

quand nous avons plante nos pieds
sous leur compassion millénaire
des engins vociférant la mort
nous bousculent à l'horizon de la vie
go b(l)ack home this is a white pays (p. 54)

Comment l'écrivain haïtien en exil réagit-il quand il est témoin d'un dénigrement de son pays ? Du haut de son statut d'exilé, il ne peut s'empêcher de défendre son pays. Fréderic Marcelin est de ceux-là. Dans l'introduction de son texte, il commence par prendre le contre-pied de cette phrase de Stéphane Lauzanne : « Regardez ce qu'ils font d'Haïti qu'on leur a rendue…après que les blancs leur ont inculqué les progrès de la civilisation ». Après avoir souligné le fait que l'on n'a pas rendu Haïti aux Haïtiens et qu'on ne leur a inculqué aucune civilisation, Marcelin porte la réflexion sur l'amour que des étrangers expriment pour son pays, la mauvaise gestion du pays par les militaires, le regard partisan, partial et partiel que certains portent pour cette terre. Puis en douze (12) chapitres le « je » du texte change de ton et devient un narrateur joyeux dans l'évocation de certains souvenirs d'enfance, son parcours d'homme tout en analysant les causes historiques des maux de son pays : « Je vois encore en dépit de tant d'années écoulées, ma bonne vieille grand'mère, au pas allongé de sa mule, dévalant du portail Saint-Joseph, pour rentrer en ville après un de ces séjours annuels, toujours très fructueux, sur ses habitations. (…) Puis, elle me soulevait dans ses bras, me baisait bruyamment sur les deux joues et me criait : Les charges sont derrière. Je t'apporte de bonnes choses ! » (pp. 23-24). Étant sous la loi de sa mémoire, certains souvenirs lui échappent. C'est à se demander quel est le rôle réel de la mémoire dans un récit d'enfance : « Je ne vois plus guère de souvenirs sur cette partie de ma vie. Je grandissais, sans soucis, choyé par mes parents faisant à peu près mes petites volontés » (p. 54).

> Je n'ai plus aucun souvenir matériel de cette vieille maison familiale, et je n'ai aucun portrait non plus de la bonne grand-maman : les incendies, les déplacements du fait de la politique ont tout anéanti, tout dispersé. Je ne vois que dans la pensée tout ce qui fit battre mon cœur dans ma première enfance. Mais je vois tout cela très bien, très nettement, peut-être même mieux, car tout cela revêt un prisme et une auréole qu'aucune image positive ne contrebalance… (p. 25).

Ce que Fréderic Marcelin propose surtout à travers ce récit c'est une vue d'Haïti par un Haïtien qui a vécu en Haïti et à l'étranger. Son histoire, son amour, son pays. En cela, il ne se diffère pas de la poésie de Joubert Satyre dans la recherche du soleil.

Un départ, des retours…

L'exil est si inhumain que personne ne devrait le connaître. L'écrivain haïtien, contraint à l'exil, ne saurait prétendre le contraire. Quand arrive l'heure du départ, le futur exilé doit inévitablement partir. Cependant, rien n'est moins sûr de la période du retour, si retour il y en aura. Sur ce point, l'écrivain a l'avantage, en plus de fantasmer sur un possible retour physique (avant ou après sa mort) au pays, d'effectuer plusieurs retours par la pensée. Circonstance ou situation oblige, le « faites comme chez vous » rappelle constamment au poète qu'il n'est pas chez lui. Ayant des difficultés à s'intégrer dans la vie de la terre d'accueil, il revient sans cesse à la source comme quand on revient à son premier souffle, à son cri primal.

Pour Anthony Phelps, le point de départ est son île bien aimée. Dans son recueil de poème *Points Cardinaux* paru à Montréal en 1967, un poème illustre ces retours : « Je viens d'une île de soleil ». Dans ce poème, le poète commence par présenter son coin de terre qu'il a dû laisser, puis demande aux habitants de la terre d'accueil de lui faire une petite place. Signe de sa douleur, de ses difficultés mais aussi un moyen de revenir à la source. D'ailleurs, il poursuit en disant qu'il est aussi une partie de son île et il est prêt à l'offrir. Cette partie du poème nous invite à nous demander comment l'exilé vit-il son identité en terre d'accueil. En voici un extrait du poème :

Je viens d'une île de soleil au nom indien
Haïti ? connaissez-vous ?
et je vous dis à la manière de mon peuple
« Honneur ». Répondez-moi
« Respect ».
Et laissez-moi m'asseoir auprès de vous
Je ne réclame point
dans ce premier matin de ma nouvelle naissance
le secret de vos fusées
encore moins la recette du sirop d'érable.
Je n'ai pas d'atouts maîtres.
En fait, je n'ai même pas de cartes
étant très peu joueur
mais j'ai des mots à vous offrir.
Des mots de puissance de vent puissance de mer
des mots tant que vous en voudrez
et j'échangerai les miens contre les vôtres.

S'il fallait ne plus revenir...

Si l'exil est douloureux, l'idée d'un retour inespéré l'est encore plus. Quand le poète se rend compte qu'il ne pourra plus revenir à l'*alma mater* durant son vivant pour des raisons diverses, il lui reste alors le second exil. L'exil qui fait de la terre d'accueil sa terre natale. Aussi, l'exil devient-il paradoxalement l'unique chemin du retour. S'il fallait ne plus revenir, l'écriture au-delà de la terre ferme devient la demeure de l'écrivain. La poésie, elle, permet au poète de se libérer, de voir ou d'entrevoir le chemin et surtout l'accompagner dans ses grands moments d'absence. C'est ce que semble nous dire Louis-Philippe Dalembert dans son livre de poésie *Poème pour accompagner l'absence* :

nulle poésie n'est un nuage
suspendu entre ego et libido
mais écartelée face au désastre brillant
dans le regard du monde
c'est une petite fille
à bout de pas et de chants

un seau d'eau sur la tête
une poétesse ô layla
qui n'en finit pas de chercher son enfance
derrière les barricades de sang
de son beyrouth natal
un jeune palestinien
à qui on a légué
la seule colère en héritage (p. 53)

otage ni du silence
ni des ténèbres
la poésie éclate rugit
en mélopées tues
accompagne l'absence
rumeur de pluie rumeur d'acier
chant de sel et flamme d'albâtre
ô lumières (p.55)

S'il est vrai que les œuvres de Fréderic Marcelin, de Joubert Satyre, d' Anthony Phelps et de Louis-Philippe Dalembert sont traversées en tout ou en partie par leur pays d'origine alors qu'au moment de la composition de l'œuvre ils se trouvaient en terre étrangère, il n'en demeure pas moins vrai qu'une longue lignée d'écrivains haïtiens, consciemment ou inconsciemment, ont suivi la même voie. Cet état de fait était en quelque sorte la règle pendant la première génération des écrivains exilés. Certes, les conditions sociopolitiques ont considérablement évolué depuis les années quatre-vingt-dix, ce qui pourrait laisser croire que les possibilités de retour soient moins hypothétiques, mais certains écrivains, pour des raisons idéologiques et/ou personnelles, ne peuvent plus y revenir. Le retour dont il est question ici n'est pas qu'un simple séjour ou un retour au pays natal mais une possibilité de retrouver la satisfaction d'habiter sa terre et de se laisser habiter par elle. Le retour est aussi en ce sens une manière de revenir en arrière, aux temps de ses meilleurs souvenirs. Les souvenirs ne sont-ils pas le dernier recours quand on a tout perdu ? Tout perdu même l'exil du retour ?

Jean James ESTÉPHA, M.A

Bibliographie

DALEMBERT, Louis-Philippe, « Exil et diaspora : une littérature en migration », *Littérature haïtienne : de 1960 à nos jours*, tome 2, *Notre Librairie*, no 133, janvier-avril 1998, Paris : Clef, 1998, pp. 40-45.

---, *Poème pour accompagner l'absence*, Québec : Mémoire d'encrier, 2005.

HOFFMAN, Léon-François, *Littérature d'Haïti. Histoire littéraire de la francophonie. Littérature d'Haïti*, Paris : ÉDICEF/AUPELP, coll. Universités francophones, 1995.

JOUBERT, Jean-Louis, *Littérature francophone : Anthologie*, Paris : Groupe de la Cité internationale Création-Diffusion, 1992.

LAHENS, Yanick, *L'exil : entre l'ancrage et la fuite, l'écrivain haïtien*, Port-au-Prince : Henri Deschamps, 1990.

MARCELIN, Fréderic, *Au gré du souvenir*, Port-au-Prince : Fardin, coll. du bicentenaire, 2004.

SATYRE, Joubert, *Coup de poing au soleil*, Québec : Mémoire d'encrier, 2004.

Pour citer cet article :

Jean James ESTÉPHA, « L'exil, cet unique chemin du retour ! ». Revue Legs et Littérature, 2015 | no. 5, pages 79-85.

Laferrière, Roumain, Tavernier, Trouillot : l'ellipse du retour !

Mirline Pierre est certifiée ès Lettres Modernes de l'École Normale Supérieure de Port-au-Prince. Professeure de littérature au secondaire et directrice de la collection « Je découvre... » à LEGS ÉDITION, elle est admise en Master 2 Philosophie et critiques contemporaines de la Culture à l'Université Paris 8. Auteure de Je découvre... Dany Laferrière, *elle suit des cours en Didactique du FLE (Master 1) à l'Université des Antilles et de la Guyane.*

Résumé

De la littérature occidentale à la littérature haïtienne contemporaine, la « migration du retour » est une thématique assez récurrente dans la création littéraire. En fait, la « migration du retour » est définie comme le retour au pays natal d'un ou de plusieurs personnages littéraires. Notre travail jusqu'ici est de montrer ou de faire ressortir le symbolisme du retour dans quatre romans haïtiens.

De la littérature occidentale à la littérature haïtienne, la migration est l'un des thèmes marquants de la création littéraire. Du personnage Ulysse d'Homère à Manuel de Jacques Roumain passant par Anaïse de Lyonel Trouillot jusqu'à Ticia de Janine Tavernier et le « je » de Dany Laferrière, la migration est surtout liée au symbolisme du retour. Retour à la terre natale, aux sources ou aux origines. Perçue comme le simple départ d'un ou de plusieurs personnes vers un lieu connu ou même inconnu, plusieurs éléments peuvent être à la base de la migration, entre autres, l'exil, la misère, la dictature, la guerre, et les catastrophes naturelles. Résultat final : la recherche d'un mieux-être. En fait, la « migration du retour » est un mouvement aussi vieux que l'histoire. Depuis la fondation du monde, l'homme voyage ou laisse sa terre natale en vue d'explorer d'autres univers.

De la littérature pionnière à la littérature haïtienne contemporaine, les écrivains ou les personnages des récits se situent dans une perspective de retour à la terre natale ou la terre aimée. Ce retour constitue-t-il un enracinement ou un attachement à la terre natale ? Vue sous cet angle, on se demande si toute la littérature haïtienne n'est pas traversée par cette thématique de la migration dans toute son histoire ? La migration est-ce un abandon de la terre natale ? S'agissant du retour, est-ce un appel de soi pour sauvegarder la mémoire perdue ou pour reconstruire la mémoire errante ? Est-ce une quête de l'identité, un repli sur soi ? Dans beaucoup de cas, le retour n'a-t-il pas un côté bénéfique ? Car il est, dans certains cas, porteur d'un projet visant le mieux-être de la communauté voire même de la société donc élément d'espoir.

À lire ces quatre romans à savoir *L'énigme du retour* (2009) de Dany Laferrière, *Gouverneurs de la rosée* (1944) de Jacques Roumain, *La gravitante* (2007) de Janine Tavernier et *La belle amour humaine* (2011) , il ressort que la question de la « migration du retour » peut être vue et analysée comme le signe d'un bienfait pour la communauté. Aussi les héros de ces récits sont-ils des messies qui entendent se sacrifier pour le bien-être de leur communauté ! Un Christ qui veut faire le bonheur de tous. Faut-il voir à travers ces personnages ce messie dont la principale tâche est vouée à la résolution des problèmes ? S'agit-il d'une simple quête identitaire ? Qui y a-t-il de commun entre le Manuel de Jacques Roumain et l'Anaïse de Lyonel Trouillot ? Quelle est la part de ressemblance entre la Ticia de *La gravitante* et le « je » de *L'énigme du retour* ? La question du retour ne s'inscrit-elle pas toujours dans une perspective d'attachement ou d'enracinement à la terre natale?

Analyse de la thématique du retour

Le retour est un thème symbolique dans la littérature haïtienne. Dans plusieurs récits haïtiens, la thématique du retour prend une proportion importante. Dans un numéro de la revue Notre Librairie paru en 1998, Louis Philippe Dalembert nous fait savoir que « La migration à toujours tenu une place importante dans l'histoire d'Haïti. On peut même dire qu'elle s'inscrit comme l'un des paramètres fondateurs de ce pays qui, en tant qu'entité, s'est constituée a partir des diasporas hétéroclites »[1]. Vu cette remarque, on pourrait même déduire que la littérature haïtienne a beaucoup à voir avec la migration. Elle est peut-être née de la migration si l'on tient compte du contexte de sa naissance :

---

1. Louis-Philippe Dalembert, « Exil et diaspora: une littérature en migration », in *Littérature hattienne. De 1960 à nos jours*, *Notre librairie* no 133, janv.-avril 1998, pp. 40-45.

l'indépendance. Aussi doit-on ajouter qu'Haïti a été une terre de colonisation et que les premiers habitants venaient d'ailleurs. En fait, notre démarche n'est pas de montrer que la littérature haïtienne est le résultat d'un fait migratoire mais de montrer le symbolisme du retour à la terre natale dans quatre récits contemporains.

Dans le premier récit, *L'énigme du retour* écrit par Dany Laferrière et publié en 2009 par les éditions Grasset, le héros est terrassé devant l'état de son pays. Ce livre a reçu dans la même année, le prestigieux prix Médicis en France. Il raconte l'histoire d'un homme qui a laissé sa terre natale à cause de la dictature, depuis vingt ans. De retour chez lui, il ne fait que constater, non sans larmes aux yeux, le dépérissement de son pays. Il a décliné à vue d'œil. Le pays, étant livré aux actes de banditisme et aussi aux luttes intestines. La jeunesse est dépravée. Le pays est livré à la misère, la faim et la peur. Le héros est frappé de stupeur devant le désastre de sa terre, du coup, il pense aux livres comme moyen d'extirper les enfants de la panique et de la situation difficile mais « l'affamé ne lit pas » (*Le livre de poche*, 134), dit le narrateur. Il parcourt la ville et essaie de retrouver les souvenirs qu'il a laissés dans tel coin de rue. L'espace a tellement changé, défiguré qu' « On n'a l'impression que rien n'est vrai ici » (p. 129), s'exclame le narrateur. Il veut faire quelque chose. Écrire le grand roman haïtien qui peut-être serait la faim.

Gouverneurs de la rosée est le deuxième roman écrit par Jacques Roumain en 1944 après sa mort. Ce grand roman de la littérature a été l'objet de traduction dans plusieurs langues, soit une trentaine environ. C'est un récit d'actualité, vu que les mêmes problèmes persistent. Il s'agit de l'histoire de Manuel, le héros ou le personnage principal qui revient dans sa terre natale après vingt ans d'absence. Arrivé à Fonds-Rouge, ce village perdu de la commune de la Croix-des-Bouquets, il fait des constats au même titre que le héros de *L'énigme du retour*. Il a remarqué que son village est livré à la misère, la sécheresse et aux luttes fratricides. Les terres sont abandonnées et les paysans crèvent « Je dis vrai : c'est pas Dieu qui abandonne le nègre, c'est le nègre qui abandonne la terre et il reçoit sa punition : la sécheresse, la misère et la désolation (p. 44). Face à cette situation, le fils de Bien-Aimé et de Délira se donne pour mission de changer les conditions de vie des uns et des autres. Son seul but : partir à la recherche de l'eau pour l'amener au village et voir l'harmonie régner entre les habitants. Si Manuel a sacrifié sa vie, c'est seulement dans l'optique de proposer une nouvelle vie au village.

Dans *La gravitante*, Janine Tavernier met en scène un personnage féminin, Ticia, jeune fille de la province livrée à elle-même. Dans une société si exigeante, elle a pu tout de même, en dépit des obstacles de toutes sortes, changer sa situation et rêve du bien-être des autres. Victime de viol dans un premier temps, elle s'est rendue aux États-Unis d'Amérique où elle se voit obligée de se prostituer pour pouvoir vivre au quotidien. Par bonheur, le destin lui sourit, et la voilà devenue une autre personne. Après de longues années passées en terre étrangère, elle rentre dans son pays pour construire une école au profit des enfants démunis. Une œuvre sociale d'une grande portée, car elle ne veut pas que ces derniers connaissent le même sort qu'elle.

Dans *La belle amour humaine* de Lyonel Trouillot, il ne s'agit vraiment pas de retour. C'est un faux retour. Contrairement aux précédents, ce roman est loin d'être inscrit dans cette perspective. Les personnages ne sont pas vraiment inscrits dans cette dynamique. D'ailleurs, ce roman ne raconte pas à proprement parler une histoire linéaire au sens classique du terme. Il s'agit de Thomas, le guide, qui conduit Anaïse à Anse à Fôleur. Anaïse est une jeune occidentale qui vient sur les pas de son père. « Tu as juste besoin d'un guide pour te conduire d'Anse-a-Fôleur ou ton grand-père et son ami le colonel sont allés s'installer, boire des coups le soir, revivre les prouesses et mourir. Tu viens chercher la vérité. Sur quoi. Sur qui. Eux, toi, nous, ton père ? Le sable ? La mer ? Ce qui meurt et ce qui demeure ? Ce qu'il faut laisser à l'oubli ? Ou ce que, patiemment, l'on doit reconstituer pour donner un sens à ses pas ? Et qu'est-ce que la vérité ? » (p. 27). L'arrivée d'Anaïse dans le village se veut plutôt une quête. Elle y vient pour connaitre le sort son père. Juste une affaire familiale, donc personnelle qui n'apporte rien de bénéfique à la communauté.

Rapport entre les héros dans les quatre romans

Dans les quatre récits, le héros retourne (à l'exception d'Anaïse) dans sa terre natale pour des raisons diverses et variées. Ticia, Manuel, le narrateur de *L'énigme du retour* ont été tous partis pour l'ailleurs à la recherche d'un mieux-être. Après un temps limité, ils retournent chez eux pour changer leur communauté. Dans *Gouverneurs de la rosée*, le personnage Manuel se présente comme un messie. À peine retourné à Fonds-Rouge et qu'il prend connaissance de la situation de haine qui ronge les villageois, il commence à prêcher la réconciliation, l'entraide et l'amour du travail. Pour qu'il puisse atteindre ce but, il a dû donner sa vie pour la renaissance du village. Le narrateur–personnage qui dit « je » dans *L'énigme du retour* est maître de son histoire, face à la situation dégradante de sa terre chérie, il propose qu'on se tourne vers l'art. Ce dernier est notre porte de sortie. Il suffit de le mettre en valeur et aussi à la portée des uns et des autres pour jouir de ses bienfaits. « Si Haïti a connu trente-deux coups d'état dans son histoire c'est parce qu'on a tenté de changer les choses au moins trente-deux fois » (p. 126-127). Après toutes ces tentatives de tout changer, il nous reste que l'art. Et c'est par la bouche du narrateur qu'on l'apprendra. «…mais je peux dire, si vous me permettez, que la seule chose qui pourrait sortir ce pays de sa situation misère c'est le cinéma» (p.130).

Par ailleurs, le geste de Ticia a œuvré pour le bien-être de sa terre natale. Après toutes ces années passées en terre étrangère, elle revient dans sa petite ville de province pour implanter une école (l'École Claire Pacco), avec le bout de force qui lui restait. « Ticia revenait au pays avec tout ce qui lui restait de courage, d'énergie et de cœur pour se mettre au service de ses mornes » (p.186). Cet établissement va donner aux petits enfants le goût de l'instruction et la connaissance. Au moment où elle vivait dans le village, il n'y avait pas d'écoles. Les petites filles et les petits garçons ne font qu'aller au marché avec leurs parents, et s'adonnaient aux activités domestiques. Elle veut changer la donne en implantant cette école.

Dans *La belle amour humaine*, Anaïse se situe dans une sorte d'errance. Elle n'est sûre de rien. Elle n'a rien de commun avec les trois autres personnages. Si elle vient sur les terres de son père, c'est dans l'unique but de déchiffrer un mystère familial. Son grand-père et le colonel Pierre André Pierre ont été brulés et morts par la suite. Son père est parti pour ne jamais revenir. « Il est parti à pied, avec un sac à dos. Aujourd'hui voilà qu'il nous arrive, la bouche pleine de questions, une jeune femme qui nous dit être sa fille, et qui apparemment, ne le connait pas mieux que nous. Peut-être ne souhaitait-il pas être connu. Peut –être sa générosité ne consistait –elle à garder ses blessures pour lui seul. Peut-être était-il un animal pour l'errance qui jamais su se fixer» (p. 42). Et voilà Anaïse qui marche sur les traces de son origine, sa racine. À lire et à comprendre, le roman de Trouillot, l'hypothèse du retour dont il était question au départ n'est pas vérifiée.

Mirline PIERRE, M.A.

Bibliographie

ARON, Paul et al., *Le dictionnaire du littéraire*, Paris : Presses universitaires de France, 2002.

HOFFMANN, Léon- François, *Littérature d'Haïti. Histoire littéraire de la francophonie. Littérature d'Haïti*, Paris : ÉDICEF/AUPELP, coll. Universités francophones, 1995.

LAFERRIÈRE, Dany, *L'énigme du retour*, Paris : Grasset et Fasquelle, 2009.

LAHENS, Yanick, *L'exil entre l'ancrage et la fuite. L'écrivain haïtien*, Port-au-Prince : Henri Deschamps, 1990.

MARTY, Anne, *Haïti en littérature*, La flèche du temps-Maisonneuve & Larose, 2000.

NDIAYE, Christiane, *Comprendre l'énigme du retour*, Port-au-Prince : Université d'État d'Haïti, coll. Discours et Conférences, 2010.

ROUMAIN, Jacques, *Gouverneurs de la rosée*, Port-au-Prince : Fardin, 2007.

TARVERNIER, Janine, *La gravitante*, Port-au-Prince : Presses nationales d'Haïti, coll. Souffle nouveau, 2007.

TROUILLOT, Lyonel, *La belle amour humaine*, Port-au-Prince : Atelier Jeudi soir, 2011.

Pour citer cet article :

Mirline PIERRE, «Laferrière, Roumain, Tavernier, Trouillot : l'ellipse du retour». *Revue Legs et Littérature*, 2015 | no. 5, pages 87-92.

Deuxième partie

Entretiens

95 **Michèle Voltaire Marcelin : « Je ne suis pas devenue moins haïtienne parce que je vis en dehors de mon pays»**
Propos recueillis par Mirline Pierre et Dieulermesson Petit Frère

99 **Joël Des Rosiers : un enfant de l'ex-île**
Propos recueillis par Dieulermesson Petit Frère

105 **Jeanie Bogart : Non, je ne suis pas dépaysée ni déracinée**
Propos recueillis par Wébert Charles

Michèle Voltaire Marcelin : « Je ne suis pas devenue moins haïtienne parce que je vis en dehors de mon pays »

Michèle Voltraire Marcelin naît en Haïti et a vécu au Chili puis aux États-Unis où elle réside depuis la fin des années 1970. Poète, peintre et comédienne, elle a déjà publié un récit (La désenchantée) et deux recueils de poèmes (Lost en found et Amours et bagatelles). Elle vit aux États-Unis d'Amérique où elle réalise des spectacles, des rencontres autour de la littérature haïtienne et avec des auteurs haïtiens.

Legs et Littérature (L&L) : *La revue Legs et Littérature est très honorée de vous avoir dans ses pages particulièrement dans ce numéro consacré à la littérature de l'ailleurs. Alors, vous êtes née en Haïti en 1955, mais vous avez vécu pratiquement à l'étranger, à Santiago d'abord, puis à New York, n'empêche que vous revenez toujours sur les terres de votre enfance. Comment vivez-vous cette séparation d'avec la terre natale ?*

Michèle Voltaire Marcelin (MVM) : C'est la chronique d'une histoire d'amour difficile. On peut aimer son pays d'amour fou et sentir qu'on n'y respire pas, qu'on y est prisonnière. Quand on part jeune, on confond aussi le pays avec l'enfance. Souffrir du « mal du pays », est-ce souffrir de l'absence du pays physique ou de l'absence des êtres aimés ? À l'époque où nous « faisions nos études » à l'étranger, quand les voyages étaient plus difficiles et ne venaient qu'une fois l'an; avant les téléphones portables, avant l'internet; lorsque nous nous écrivions par la poste et qu'il fallait bien attendre une ou deux semaines entre les lettres envoyées et celles reçues, je me

« *Quand on part jeune, on confond aussi le pays avec l'enfance* »

souviens de crises de nostalgie qui me gardaient au lit. C'était continu ; sous ma langue, comme un grain de gros sel qui refusait de fondre ; comme un ongle incarné ; comme un caillou dans ma chaussure. Tout me devenait du miel qui me rappelait mon pays. Mais entre le déchirement du premier départ et le détachement volontaire bien des années plus tard, tout en restant profondément marquée par mon pays, il y eut un moment où j'ai ressenti comme Schiller que j'avais « perdu, jeune, ma patrie pour l'échanger contre le vaste monde. »

L&L : *Quel regard portez-vous sur votre statut d'écrivain ? Vous vous considérez comme un écrivain de l'intérieur ou d'ailleurs ?*

M.V.M. : Je me considère comme une artiste qui utilise l'écriture comme un de ses moyens d'expression. Poète, écrivain, peintre, et comédienne, la peinture, l'art de la scène comptent autant pour moi que l'écriture. Suis-je une artiste de l'intérieur ou d'ailleurs ?

J'écris sur Haïti, j'écris d'Haïti, mais je rejette ces notions d'exclusion, de classement, ces affirmations absolues qui enferment les artistes dans des catégories comme des papillons épinglés, fixés à jamais dans leur boîte. Je suis sans chapelle et sans clan, et mon lieu de naissance est un lieu d'ancrage dans mon travail. Transformée par les rencontres, les échanges, et le partage, je ne suis pas devenue moins haïtienne parce que je vis en dehors de mon pays.

« La peinture, l'art de la scène comptent autant pour moi que l'écriture »

L&L : *Vous êtes poète et vous écrivez en français et en anglais. Vous êtes donc baignée dans deux cultures et deux univers différents. Qu'est-ce que vous direz à l'écrivain allemand Thomas Mann qui, eût à affirmer que « La vraie patrie d'un écrivain, c'est sa langue » ?*

M.V.M. : Dans le *Testament d'Orphée*, Cocteau dit que « le poète, en composant des poèmes, use d'une langue ni vivante, ni morte, que peu de personnes parlent, que peu de personnes entendent ». L'espace culturel et langagier que j'habite est multiple. Je parle et j'écris en quatre langues : créole, français, anglais et espagnol. Ces mots qui me viennent, qui disent les choses qui m'habitent, sont inspirés de tout ce que j'ai vécu, de tout ce qui m'entoure: la beauté, la laideur, la misère humaine, le bonheur. Ils me viennent dans une langue que je ne choisis pas mais qui me choisit, traversant mon esprit comme le témoignage de mon parcours sur terre.

> « L'espace culturel et langagier que j'habite est multiple »

L&L : *Tenant compte de votre volonté de faire écouter votre poésie partout, en utilisant la musique comme un autre médium, car vous êtes souvent en scène pour la transmettre de façon orale, est-ce que l'on doit comprendre par ce fait même que vous vous êtes inscrite dans une dynamique d'enracinerrance au sens de Jean-Claude Charles ?*

M.V.M. : Si la poésie a pour essence de révéler la vie, de la renouveler, de la changer, tout poète ne devrait rien vouloir d'autre que de la répandre et la faire entendre. Si la poésie est « comme le pain, pour tout le monde » (Roque Dalton), elle devrait être dans toutes les bouches. Si les gens lisent moins la poésie, c'est parce qu'elle ne les nourrit pas.

Ils s'en sont détournés. Je préfère aller à leur rencontre et les convier à la table poétique en invités d'honneur au lieu de me plaindre de leur abandon. Voilà pourquoi la solitude essentielle de l'écriture est pour moi, suivie du partage sur scène. Je suis en cela, Ferré, qui écrit « La poésie est une clameur. Elle doit être entendue comme la musique. Toute poésie destinée à n'être que lue et enfermée dans sa typographie n'est pas finie. Elle ne prend son sexe qu'avec la corde vocale tout comme le violon prend le sien avec l'archet qui le touche ».

Pour citer cet entretien :

Mirline PIERRE et Dieulermesson PETIT FRERE, Michèle Voltaire Marcelin : « Je ne suis pas devenue moins haïtienne parce que je vis en dehors de mon pays» ». Entretien avec Michèle Voltaire Marcelin. *Revue Legs et Littérature*, 2015 | no. 5, pages 95-98.

Joël Des Rosiers : un enfant de l'ex-île

Joël Des Rosiers est né en Haïti en 1951. Psychiatre, poète et essayiste, il déjà publié sept recueils de poèmes et a reçu en 2014 le prix MLA (Modern Language Association Prize for Independent Scholars) pour son essai Metaspora. Essai sur les patries intimes. *Auteur de* Gaïac, Tribu *et* Vétiver, *Joël Des Rosier vit au Québec depuis son adolescence.*

Legs et Littérature (L&L) : *Joël Des Rosiers, vous êtes poète et essayiste, vous venez de recevoir, en décembre 2014, le prix MLA (Modern Language Association) pour votre livre* Métaspora. Essai sur les patries intimes *paru aux Éditions Triptyque au Canada. C'est la première fois qu'un tel prix a été attribué à un auteur francophone. C'est avec quel sentiment vous l'avez reçu ?*

Joël Des Rosiers (JDR) : J'ai accueilli ce prix dans la plus grande joie et dans la surprise la plus totale alors que je venais de rater un vol à destination de Rome, ville où je devais me rendre à un congrès de psychiatrie. Réfugié dans une chambre d'hôtel, lieu mythique de la littérature, je revenais du gym lorsque le mail de Rosemary G. Feal est tombé. Comme un télégramme de bonheur qui parcourut mes muscles endoloris. C'était un 4 septembre 2014, au bout du petit matin. Je me rappelle m'être levé du petit bureau plaqué d'acajou pour danser la danse qui s'appelle *Un livre ne s'écrit jamais seul*. La surprise en effet était totale, comme un cadeau d'enfant, parce que j'ignorais que mon éditeur Robert Giroux avait soumis l'essai à un quelconque prix. Comme à son habitude d'ailleurs.

Il me faut tout de même dire quelques mots sur le contexte de cette reconnaissance institutionnelle. Le Modern Language

Association of America est la plus prestigieuse association internationale d'érudits dans le monde. Fondée aux États-Unis, elle regroupe 30 000 membres, chercheurs des humanités classiques et modernes, répartis dans plus de 100 pays. C'était la première fois que le MLA, vieille de plus d'un siècle, décernait un prix à un livre rédigé en langue française et non encore traduit en anglais. Les six professeurs de littérature, membres du jury, Jossiana Arroyo, Tina Chen, Maria Damon, Daylanne K. English et Dorothea Heitsch travaillent dans des champs de recherche spécialisés qui vont de la poésie urbaine aux rapports entre la médecine et la littérature, de la théorie littéraire contemporaine aux littératures diasporiques issues des sociétés post-coloniales. Humanités digitales, race et arts visuels, littérature apocalyptique, Afro-futurisme sont des approches à la fois fines et décentrées qui bousculent les réceptions convenues qui ont pour nom métissage, hybridité, transnationalisme. L'une des publications de Dorothea Heitsch, Practising Reform in Montaigne's Essais, 2000, illustre leurs sensibilités créatives et leurs domaines d'études en rapport avec un monde post-postmoderne, anxieux, qui crée et qui tremble... Comme le montrent ces rapprochements, ces façons de lire ou plutôt de relire les textes littéraires privilégient l'esthétique littéraire et constituent l'horizon de réception de l'essai *Métaspora*.

Au début de notre entretien, je vous parlais de cadeau d'enfant. L'association qui me vient à l'esprit est un souvenir d'enfant. Lors de mes fêtes d'anniversaire, j'échangeais mes cadeaux pour des livres. Et mes petits invités repartaient heureux...

L&L : *Vous êtes né en Haïti, et voilà déjà environ cinquante ans depuis que vous avez laissé le pays à la suite du départ de vos parents pour l'exil. Vous avez grandi au Canada, fait des études en France et vous avez voyagé partout dans le monde. Vous êtes entre l'ici (Haïti) et l'ailleurs. Doit-on parler d'un écrivain migrant, errant, exilé ou en transit dans votre cas ?*

JDR : Tous ces noms d'oiseaux ne me disent rien. Mais vous avez la générosité de me faire réfléchir non sur les identités altérées, devenues obsolètes, mais sur les pratiques de l'écrivain qui se rappelle de sa dignité d'étranger souffrant. Je n'ai jamais accepté l'exil. Un enfant de l'ex-île, mes parents expulsés sous la menace des balles, de la torture et de la prison, c'est sans doute insupportable. Rien n'est oublié, la douleur est éternelle.

«Je n'ai jamais accepté l'exil»

Pourtant je n'ai pas exagéré, je ne l'ai pas revendiquée comme une captation d'héritage, comme un legs, cette souffrance, pour évoquer le nom très beau de votre revue. Le nom de la revue contient dans sa graphie un signe iconographique mystérieux, &, l'esperluette qui résulte de la conjonction des lettres e et t. Le logogramme ressemble d'ailleurs à un scribe de profil, assis en train de lire un livre invisible. C'est ce mystère borgésien qui m'interpelle. Recréer la ligature des lettres, les permuter, les épeler, ainsi c'est la littérature elle-même qui devient migration selon la belle formule de Flaubert: « Et toutes les lettres sont comme les autres lettres de toutes autres phrases...» Peut-on proposer qu'écrire c'est toujours se projeter, une déportation que l'écrivain fait évoluer d'un axe historique vers un axe poétique ?

Cette question est au cœur de l'essai puisque j'y ai privilégié les préoccupations humaines légitimes d'individus perplexes sur leur identité, leur allégeance, les paysages qui permettent de préserver une mémoire, leur foi en un sol natal étranger, sujets post-postmodernes que j'appelle les égarés.

L&L : *Parlant d'égarés, vous vous êtes bien installé dans la société québécoise, puisque vous avez été vice-président de l'Union des écrivaines et écrivains québécois (UNEQ) et aussi vice-président de la Société Littéraire de Laval au cours des années 1990. Comment vivez-vous votre migration ?*

JDR : Pour l'essentiel comme tous les égarés qui adressent à ceux qui sont restés dans le là-bas un appel tourmenté, crépusculaire et déchirant comme un ciel de tempête : « Je ne vous quitterai pas. » Je travaille. Je travaille sans cesse. « Full time father, full time artist, I got six jobs and I don't get tired !» pour reprendre le hit du rappeur africain-américain Kevin Gates.

L'égarement, entre philosophie, histoire, autobiographie et fiction, autorise ma responsabilité d'écrivain, de psychiatre et de psychanalyste dans mon labeur quotidien auprès de populations de réfugiés, de sans–papiers et d'immigrés. L'irruption de l'inconscient des égarés sur la scène politique et littéraire en fait non plus des zombis comme la plupart des gens dans les mégalopoles (Jean Baudrillard) mais des êtres en puissance de révélation et de consolation, capables de se donner une fabrique intime et subjective, s'éloigner du territoire, se maintenir sur le non-savoir. « Se sentir chez soi est la première vraie erreur. C'est la seule erreur qui change tout. » écrit Anne Michaels. Le lieu de naissance peut à tout moment vous être arraché comme le vivent les Dominicains noirs d'origine haïtienne, de l'autre côté de la frontière. Pays, sol, sang, langue, soudain sont des mots qui n'ont plus de sens. Épuisée de migrations, l'île est devenue spectrale comme la silhouette du Pendu de Santiago, dévorée par ses vieux démons, eux-mêmes privés de toute énergie et qui rejouent leur épopée ridicule et souffreteuse. Fantômes de guerre ! Fantômes dont l'aura s'est enfuie au loin.

La migration en tant que mouvement de populations qui gardent des liens avec la *mère-patrie* recompose les transformations visibles des relations spatiales entre individus séparés et distants géographiquement. La tendance à la circulation instantanée d'informations de toutes sortes, aboutit à une immédiateté rendant l'absence, valeur morale et affective, impossible à élaborer. S'il est vrai que la migration se vit désormais

«Le lieu de naissance peut à tout moment vous être arraché comme le vivent les Dominicains noirs d'origine haïtienne»

dans une implosion de l'espace et du temps au sein d'un monde tout entier connecté, le grand connectome, les communautés d'immigrés sont l'objet pas seulement en Europe ou aux États-Unis mais aussi plus près de nous, en République dominicaine, dans les Petites Antilles, aux Bahamas et en Guyane, de stigmatisation et de rejet exacerbés par la démagogie populiste d'extrême-droite. Les nationalismes infectés de haine, fondés sur la loi du sang et non plus sur celle du sol, se raidissent et consolident leur position partout dans le monde. Ils font des immigrés les boucs émissaires porteurs de tous les fantasmes de dilution de la culture collective et à terme menant à sa disparition. Le Grand remplacement des citoyens de « souche » par les citoyens de « papier » est désormais un thème littéraire. Le succès planétaire du roman *Soumission* de Michel Houellebecq, né à la Réunion, DOM (Département d'Outre-Mer) de la République française et élevé en Algérie durant une partie de son enfance, traduit l'effroi de l'homme blanc qui a cru pouvoir vivre sans Dieu.

Je suis arrivé au Québec, enfant. À la fin de l'adolescence, j'en suis reparti pour faire mes études en France selon une vieille tradition familiale établie depuis le XIXe siècle. Délicieuse redécouverte de la langue et de la culture françaises, ancienne sidération de ce qui nous distingue et nous rapproche de la France sous la croûte de l'Histoire, certes, mais le plus souvent la vraie histoire c'est l'histoire de l'enfance. La mienne fut une enfance de livres et d'absence.

> « *Le Grand remplacement des citoyens de « souche » par les citoyens de «papier» est désormais un thème littéraire.*»

L&L : *La ville des Cayes, donc par ricochet Haïti, ne vous a jamais quitté à telle enseigne qu'elle occupe une place assez importante dans votre œuvre, et l'on serait même tenté de dire qu'elle l'a bercée. Elle est là dans votre œuvre poétique, citons entre autres* Gaïac *et* Vétiver *qui sont surtout des plantes tropicales. D'où vient cet attachement à la terre natale ?*

JDR : J'ai tourné mon regard pour la première fois vers la ville de ma naissance par césarienne en la regardant de loin, en pleine mer, lors d'une virée à l'Île-à-Vaches, en décembre dernier. Et j'ai vu de mes yeux la scène primitive de ma naissance.

J'ai été séduit par la beauté irréelle de l'île, devenue une de mes patries intimes. M'est apparue pour la première fois, la Baie des Cayes qui est l'une des plus belles au monde. Avec l'impression que la ville de ma naissance flottait, insaisissable, continûment entre le bleu de la mer et le vert de la plaine, enchâssée dans un amphithéâtre sublime, la cordillère au loin, presque invisible, mauve et mythique.

D'une caye plus vaste. Je chante la caye, la figure la plus émouvante, la plus résistante, la plus fragile de l'île, lieu élu de ma poésie. Je vous parle de la vastitude de la caye quand bien même elle est exigüe, d'engagement en faveur de l'Île-à-Vaches menacée par l'industrie touristique. Le site de l'Île-à-Vaches, réserve naturelle à préserver, témoin de la civilisation des Taïnos, devrait être classé Patrimoine mondial de l'humanité par l'UNESCO comme celui des Trois-Pitons à la Dominique.

Je n'avais ni carnets de notes, ni archives.

Et j'ai entendu la poésie muette dans l'oreille du poète méditant.

«*J'ai été séduit par la beauté irréelle de l'île, devenue une de mes patries intimes*»

Pour citer cet entretien :

Dieulermesson PETIT FRERE, Joël Des Rosiers : un enfant de l'ex-île . *Revue Legs et Littérature*, 2015 | no. 5, pagess 99-104.

Jeanie Bogart : Non, je ne suis pas dépaysée ni déracinée

Janie Bogart est née aux Cayes en 1970. Après avoir travaillé comme journaliste à la télé en Haïti, elle émigre aux États-Unis à l'âge de 26 ans et se consacre à l'écriture. Elle est l'auteur de deux recueils de poèmes, Un jour... tes pantoufles *(Éditions Parole, 2008),* Paradoxe *(Éditions Dédicace, 2011) et d'un disque en créole intitulé* Dènye Rèl.

Legs & Littérature (L&L) : *Jeanie Bogart, vous êtes poète, vous vivez aux États-Unis depuis 1996 et vous écrivez en français et en créole des poèmes d'attachement à la terre natale. Écrire en français ou en créole aux États-Unis, qu'est-ce que cela coûte en termes de renonciation à un lectorat anglophone ?*

Jeanie Bogart (JB) : Pourquoi renonciation ? Dans renonciation je vois abandon. Or, je n'ai jamais entamé un processus d'écriture littéraire anglophone. Contrairement à Edwidge Danticat qui est entrée aux États-Unis vers l'âge de douze ans où elle a reçu la majeure partie de sa formation académique, j'ai commencé à écrire assez tôt en français d'abord puis en créole, deux langues qui me nourrissent et me portent. En plus, j'ai étudié le journalisme en Haïti. Je suis donc venu dans ce pays avec mon bagage linguistique établi. Fort heureusement, il n'y avait pas de renonciation à faire, le problème de choix ne se posait pas.

Financièrement, écrire est un métier qui peut rapporter beaucoup aux États-Unis. Puisque je travaille depuis plusieurs années comme interprète auprès des tribunaux de New York, j'aurais pu me laisser diriger vers la littérature anglophone. Cependant, j'ai choisi de ne pas écrire en anglais pour plusieurs

«*Financièrement, écrire est un métier qui peut rapporter beaucoup aux États-Unis*»

raisons. Premièrement, je ne me sens pas suffisamment attachée à la langue et à la culture américaines. Ensuite, je refuse d'accepter cette connexion qui, pour moi, serait un abandon de ce qui m'est cher, c'est-à-dire, la culture haïtienne. Finalement, en termes littéraires, je ne pense pas en anglais. Et puis, les Américains, qu'ils vivent ici ou en Haïti, écrivent-ils en français et en créole pour nous faire apprécier leur littérature ? Je n'ai rien contre le lectorat anglophone, en fait, quand quelqu'un décide de traduire en anglais un de mes poèmes, je le partage sans réserve avec eux. Mais, je dois avouer que je tire beaucoup plus de plaisir à faire des conversations au téléphone et des échanges de textes avec des amis tels que André Fouad et Ernest Pépin plutôt qu'à lire un recueil en anglais.

« Finalement, en termes littéraires, je ne pense pas en anglais »

Je dois vous dire que je n'ai jamais voulu me laisser prendre au piège de la « commercialisation » de l'écriture. J'écris d'abord parce que les mots, les phrases, les idées m'envahissent, m'alourdissent, me retiennent prisonnière et qu'il me faut un moyen pour m'en décharger, ensuite par passion pour la littérature. J'écris pour moi avant tout, j'écris ce qui me plaît. Je suis pourtant consciente que tout cela se termine en partage et qu'il faut bien vivre de ce que l'on produit.

« Je dois vous dire que je n'ai jamais voulu me laisser prendre au piège de la 'commercialisation' de l'écriture»

Je connais quelques écrivains vivant ici aux États-Unis, qui ont tenté d'écrire et qui tentent encore d'écrire ou de traduire leurs œuvres en anglais pour pouvoir les présenter au lectorat anglophone. Ce n'est pas le cas pour moi.

J'ai été invitée à déclamer mes textes à la Mansion Ukrainienne à Manhattan, il fallait voir tous les compliments et les applaudissements qui ont couronné ma présentation alors que j'avais déclamé des textes en créole seulement. Je veux susciter l'intérêt des gens pour la culture haïtienne. C'est un choix personnel, je ne force personne à l'accepter ni ne cherche à l'ériger en dogme. Et je respecte tout autant le choix des autres.

L&L : *Mais, existe-t-il une communauté de lecteurs francophones voire créolophones à Connecticut ou à New York ?*

JB : Il existe bel et bien une communauté de lecteurs francophones et créolophones à New York et dans le Connecticut. L'alliance Française est aussi établie dans les deux états. Il y a aussi le réseau social "New York in French" basé à New York, dont je suis membre.

Ce n'est parce que des haïtiens vivent en dehors d'Haïti qu'ils cessent automatiquement d'être haïtiens. Ils n'ont pas non plus perdu la mémoire.

Savez-vous qu'ici à New York quand un haïtien se rend à l'hôpital ou au tribunal il a le droit de réclamer un interprète créole et ce service lui est fourni gratuitement ? De même, certains documents sont traduits en créole pour leur en faciliter la compréhension. Certaines écoles de New York ont mis sur pied un programme d'éducation bilingue et des livres d'arithmétique sont traduits en créole pour les élèves.

Cependant, il faut bien comprendre que nous sommes des franco-graphophones -nous n'ignorons pas que toute règle comprend des exceptions- nous parlons le français à partir de l'écrit. C'est pourquoi en écoutant la radio haïtienne nous constatons ce manque de fluidité dans l'oralité, le présentateur s'empêtre dans ses explications et passe constamment au créole, langue dans laquelle il s'exprime beaucoup plus aisément. Mais il insère ça et là une petite phrase en français pour s'assurer que les auditeurs sachent qu'il possède une certaine connaissance du français. Nous lisons et écrivons mieux le français que nous le parlons. Donc, pas de problèmes pour le lectorat francophone.

Maintenant, pour ce qu'il s'agit du créole, c'est l'opposé qui se présente à nous. Il est plus facile (en tout cas pour les haïtiens qui vivent à l'étranger) de s'exprimer en créole que de lire dans cette langue, n'ayant pas acquis une formation académique dans la langue. Il nous faut donc établir un plus large lectorat créolophone ; celui qui existe se résumant à un petit groupe d'autodidactes. L'émergence de livre-disques est un phénomène qui les attire mais qui n'aide pas à créer ce lectorat tant voulu. Cela ne signifie pas pour autant qu'ils ne se procurent pas les produits littéraires publiés dans la langue créole.

> «Il nous faut donc établir un plus large lectorat créolophone »

J'ai été la coordonnatrice de la Foire du Livre et des Arts haïtiens de Connecticut organisée chaque année par la HAPAC (l'association des Professionnels Haïtiens de Connecticut) et j'avais invité l'ancienne directrice de la bibliothèque nationale d'Haïti, madame Françoise Beaulieu-Thybulle, qui avait fait le déplacement pour la circonstance. Les lecteurs avides viennent toujours assister à ce genre d'activités et apprécient les présentations dans les deux langues (créole et français). Ils achètent les ouvrages en plus.

À New York, on organise plein d'activités littéraires tout au cours de l'année, au nombre desquelles on compte le Cabri Littéraire de la Fondation Mémoire, dont j'étais membre, qui se tient toujours au mois d'août. J'ai interviewé Dany Laferrière au téléphone pour le magazine *Haitian Voice*, j'ai aussi assisté à quelques unes de ses présentations à New York. Franketienne vient assez souvent à New York. Avec le support et à la suggestion de Assely Etienne, Michèle Voltaire Marcelin, Carmelle ST-Gérard-Lopez et moi avions organisé deux soirées l'année dernière autour de la Journée de la femme respectivement à la Brooklyn Central Library et à la Mid-Manhattan Library, où nous avions rendu hommage à trois femmes haïtiennes : Yanick Lahens, Marie Vieux-Chauvet et Emmelie Prophète.

Nous ne nous sommes pas déconnectés d'avec la réalité haïtienne. Nous portons le pays en nous, nous essayons de rester en contact. Mais, malheureusement, nous sommes perçus comme ceux du dehors, les bâtards, les chanceux. Pourtant nous rêvons du pays, nous vous envions, vous qui avez le courage d'y rester et de vous battre, qui baignez dans la culture alors qu'il ne nous reste que les souvenirs et des vacances pas assez longues pour nous imprégner de notre culture. C'est le prix à payer pour avoir choisi de partir, même si parfois le choix est forcé. Et nous savons aussi que nous sommes parfois enviés d'avoir une vie qui paraît plus facile et plus aisée. Au lieu de nous envier mutuellement, nous devrions nous entraider, partager et mettre en application notre devise : l'union fait la force.

Certains pays reconnaissent et acceptent la double nationalité. Mais en Haïti, selon l'article 13 de la constitution :
« La Nationalité haïtienne se perd par :
a) La Naturalisation acquise en Pays étranger;
b) L'occupation d'un poste politique au service d'un Gouvernement Étranger ». Alors que l'individu nationalisé américain est vu et est traité comme un Haïtien en terre étrangère. Ce qui, en fin de compte, donne à l'individu l'impression d'être de nulle part et de non appartenance à un pays en particulier.

L&L : *Votre CD, « Dènye rèl » exprime la douleur de deux cœurs qui supportent mal le poids de la nostalgie et de l'éloignement. Comment vivez-vous ce divorce d'avec la terre natale ? Peut-on parler de dépaysement, de déracinement dans votre cas ?*

JB : Non, je ne suis pas dépaysée ni déracinée. Je ne suis pas non plus divorcée de ma terre natale ; je suis en voyage, un long voyage. Toute ma famille vit en Haïti : mes sœurs, mes frères, mes nièces. J'écoute la radio haïtienne à partir de l'Internet, tout comme j'écoute RFI et France Culture. Je commande les derniers ouvrages sur Amazon.

« Non, je ne suis pas dépaysée ni déracinée »

Savez-vous que je n'ai jamais lu un livre écrit en anglais ? Je vis physiquement aux États-Unis mais, le reste, le meilleur de moi-même c'est mon écriture, ma culture. Cela appartient à Haïti. Ce n'est pas par hasard que j'ai écrit :

« Désorientée, je piétine la neige blanche des rues et des parcs de New York. Je m'en fous. Mes yeux se promènent sur la blancheur des toits et des trottoirs, mon cœur comblé d'un éternel été tropical. Je parle au vent et à la pluie ; je réclame l'indépendance de mes sens, ces prisonniers du froid.

Je veux rentrer chez moi pour laisser la pluie couler sur mes déboires, mes incertitudes ; marcher pieds nus sur le vert gazon des prés, arracher au passage une tige de canne à sucre, un épi de maïs ; attraper une mangue mûre qui tombe.

Je veux rentrer chez moi voir Jean jouer au football, Marie danser sur un rythme de guede et Pierre jouer à la guitare. Je veux retourner chez moi, là où l'on me connaît, là où je ne suis point un numéro de sécurité sociale sur une liste. » Extrait de Paradoxe.

La nostalgie, je la porte en moi depuis toute petite. C'est la rêverie qui me permet de m'éloigner de ce monde et écrire. "Dènye Rèl" est un cri du cœur comme "Un jour... Tes pantoufles" et "Paradoxe" d'ailleurs. Mes écrits sortent de mes entrailles et mes entrailles sont enracinées dans cette terre d'Haïti avec tout ce qu'elle comporte de bon et de mauvais. J'aime le pays comme on ne saurait jamais l'imaginer. Sans lui, je ne serais pas celle que je suis et je suis fière d'être ce que ce pays a fait de moi et pour cela, j'ai une dette énorme envers lui. Si un jour j'arrive avec mes simples mots à porter sa littérature un peu plus loin sur la scène internationale, alors seulement, je me sentirai complète, j'aurai le sens du devoir accompli. Voilà

« Je vis physiquement aux États-Unis mais, le reste, le meilleur de moi-même c'est mon écriture, ma culture »

mon rêve le plus cher.

L&L : *Vous considérez-vous comme un écrivain du dehors ?*

JB : Je me considère comme un écrivain haïtien.

L&L : *Beaucoup de gens pensent que l'avenir de la littérature haïtienne s'écrit au delà de ses frontières, qu'est-ce que vous en pensez ?*

JB : Je ne suis pas d'accord. On ignore d'où viendra la prochaine percée. C'est vrai que beaucoup de nos grands talents ont dû quitter le pays, mais nous avons de talentueux écrivains établis et des jeunes tout aussi talentueux en Haïti, qui, je pense, porteront encore longtemps la littérature assez loin. J'ai ouï dire qu'il existe un petit clan qui tente de kidnapper la littérature en Haïti. J'espère seulement que, si c'est bien le cas, les jeunes sauront briser les barrières et ouvrir d'autres portes par leur talents et leur persévérance et qu'ils ne seront pas obligés de s'exiler pour pouvoir s'exprimer et voir leur travail apprécié. Mais je veux croire qu'une telle rumeur est fausse.

Qu'il s'agisse de Yanick Lahens, Lyonel Trouillot, Georges Castera qui vivent en Haïti, de Dany Laferrière, Joël Desrosiers, Anthony Phelps qui vivent au Canada ou de Edwidge Danticat, Josaphat Robert Large qui vivent aux États-Unis pour ne citer que ceux-là, l'avenir de la littérature haïtienne s'écrit à partir de la richesse culturelle que nous avons héritée du pays. Ne serait-il pas beau le jour où nous cesserions de nous diviser en clans, en fils du dedans face à ceux du dehors ; surtout lorsque les thèmes développés sont les mêmes tout comme nos écrits puisent à la même source : la terre natale ?

> « *J'ai ouï dire qu'il existe un petit clan qui tente de kidnapper la littérature en Haïti* »

Pour citer cet entretien :

Wébert CHARLES, Jeanie Bogart : Non, je ne suis pas dépaysée ni déracinée. *Revue Legs et Littérature*, 2015 | no. 5, pages 105-112.

[Portrait d'écrivains]

Émile Ollivier, l'itinéraire d'une vie

Par Dieulermesson Petit Frère, M.A

Émile Ollivier est l'un des plus brillants écrivains que la littérature haïtienne de la diaspora n'ait jamais produit. Créateur sensible, à l'imaginaire fertile, il ne ressemble qu'à lui-même. Jamais homme n'a été aussi sincère et conscient de son rôle et de sa condition d'écrivain. Même en exil, loin de son *alma mater*, il ne s'est jamais détourné le regard du ciel d'Ayiti Toma. N'est-ce pas lui qui disait d'ailleurs « J'ai quitté Haïti ; en revanche, Haïti ne m'a jamais quitté ».

> « Jamais homme n'a été aussi sincère et conscient de son rôle et de sa condition d'écrivain. »

Né à Port-au-Prince et mort en terre étrangère, dans la cité montréalaise –comme Normand Malavy, l'un de ses personnages romanesques, Émile Ollivier est un militant, sociologue et ancien étudiant de l'École normale supérieure qui a su porter dans cette œuvre qu'il a mis du temps à construire, un regard particulier sur la situation des migrants en quête de mieux-être dans les pays de l'aube. Ces *eldorados* légendaires avec tous les permis de rêver et de vivre et d'exister. Certainement, il a dû rêver sans relâche, par ces matins d'hiver, de revoir la couleur de sa terre. Respirer les subtiles fragrances de la rosée du matin, contempler, avec cette douce tendresse dans le regard, les colonies d'oiseaux décorant le pourtour du ciel, ces sentinelles de l'aurore qui annoncent le lever du soleil.

Romancier au verbe incisif, jongleur de mots, doué d'une grande lucidité, son œuvre romanesque s'apparente à un vrai olivier, tant il y a des connexions. Des conjugaisons sensibles avec seul cadre diégétique l'Haïti des Duvalier, cette espèce de « société bloquée », décrépite. Sa nostalgie s'exprime même dans le choix de ses décors spatiaux qui renvoient tous à un seul et même lieu : encore Haïti. Ils sont Trou-Bordet, Tête-Boeuf dans *Mère-Solitude* (1983) et Port-à-l'Écu dans

Passages (1991) pour désigner la capitale, Les Cailles dans *La discorde aux cent voix* (1986) en référence à la ville des Cayes (département du Sud), l'évocation de lieux comme le Champs-de-Mars, Croix-des-Bouquets, Martissant dans *Mille eaux* ou Valparaiso dans *Les urnes scellées*.

En présence de ses personnages, on a comme l'impression d'être en face de lui. Comme si sa voix, rocailleuse, grave peut-être –à regarder le portrait de l'écrivain- transperce les pages pour arriver jusqu'à nos tympans. D'une écriture cristalline, sa langue est fascinante, son style souple et dépouillé de tout artifices encombrants. Ses récits se lisent avec une facilité remarquable.

Son premier roman *Mère-Solitude* met en scène la famille des Morelli ou plutôt le jeune Narcès Morelli, du haut de ses dix-huit ans, voulant à tout prix lever le voile sur la mort de sa mère, il y a de cela dix ans, dans des circonstances pas trop claires. *Passages*, comme le titre l'indique, évoque l'Odyssée des soixante-dix-sept habitants de Port-à-l'Écu sur un trois-mâts emmené par Amédée Hosange à destination de Miami, l'eldorado de tous les rêves possibles. Roman du départ, ce départ évoqué par Narcès à la fin de ce livre qui porte les marques de sa solitude. Si *Les urnes scellées* peut être lu comme un roman d'enquête dans le sillage des élections manquées de l'année 1987, *Mille eaux*, le dernier livre publié de son vivant, montre un Ollivier qui revient sur les terres de l'enfance, une sorte d'autobiographie à la Nathalie Sarraute.

Parti en 2002, l'ombre d'Émile Ollivier plane encore sur la face de ce pays logé aux portes du malheur. Treize ans après sa mort, le pays invite toujours à la fuite si bien qu'il ne se passe pas une seule semaine sans que l'on ne se retrouve pas face à

« L'ombre d'Émile Ollivier plane encore sur la face de ce pays logé aux portes du malheur »

ces gens désespérés, troublés qui ne jurent que par le départ vers l'ailleurs. Ces jeunes aux rêves de papiers jaunis qui n'hésitent pas à sauter sur la première occasion pour décamper. De nos jours, il y a tant à pleurer dans cette terre qu'Ollivier, hélas, chérissait tellement ! Certes, Duvalier n'est plus, mais la ville ou plutôt la République pue encore l'horreur.

« Duvalier n'est plus, mais la ville ou plutôt la République pue encore l'horreur. »

Dieulermesson Petit Frère
Critique littéraire

Faubert Bolivar,
un nouveau surréaliste

Par Michel Herland

Faubert Bolivar, né en 1979 en Haïti, vivant actuellement en Martinique, s'exprime à la fois par des textes pour le théâtre et des poèmes. Son théâtre a déjà reçu plusieurs récompenses, qu'il s'agisse du monologue *Sélune pour tous les noms de la terre* (sélectionné par Textes en Paroles en 2011), ou des pièces comme *La Flambeau* (prix spécial de la Fondation Lucienne Deschamps en 2013) ou encore *Mon ami Pyéro* (prix Marius Gottin-Etc_Caraïbe récompensant une pièce en créole, également en 2013). Sa poésie est réunie dans deux recueils. *Mémoires des maisons closes* regroupe trois ensembles de courts poèmes datant respectivement de 1996-1998, 2006 et 2010. *Lettre à tu et à toi* suivi *de Sainte Dérivée des trottoirs* réunit deux textes de « prose poétique ».

Contrairement à ce que pourrait laisser croire le titre, *Mémoires des maisons closes* ne fait nullement référence aux filles de joie mais simplement aux lieux clos où furent accouchés les poèmes qui font alterner provocations, chants d'amour etadresses à l'île natale, mère de tous les malheurs. C'est en effet la diversité qui frappe d'abord dans ce recueil, sans que pour autant l'auteur n'abandonne jamais la veine surréaliste qui lui convient à merveille.

Je crois que le pet supplantera la parole
je pue du mieux que je peux (p. 20).
Je passerai la nuit
Recroquevillé sous tes aisselles
à faire l'amour avec tous tes corps (p. 25).

Faubert Bolivar n'a pas peur des mots, on le voit, ni des images insolites. Sa fantaisie langagière nous convie à d'étran-

> « *Faubert Bolivar n'a pas peur des mots.* »

ges phantasmes, comme dans les deux bouts de poèmes précédents qui le rapprochent, quant au fond, de Rabelais, de Jarry ou de Swift. Ce qui ne l'empêche pas de se montrer poète lyrique :

... Tu partiras de la nuit
les yeux gonflés de fleuves
grelottants de ces mots qu'on murmure
au chevet de la lampe éclairant les remords
qui font pli à ta robe assortie aux serments
que je dégrafe
dans un poème sans ourlets (p. 48).

L'imagerie surréaliste est encore là avec les fleuves de larmes et les remords dont on devine qu'ils s'en iront en même temps que la robe, et d'autant plus facilement que celle-ci, à l'instar du poème, se trouve sans nul doute également dépourvue d'ourlets.
L'île mère est source d'ambivalence. Revient cependant à son propos une curieuse référence à la blancheur.

Haïti, pouah !
mon pays tord boyaux
ma terre belle comme la chaux
criblée d'ombres saignantes et muettes
de soleils mitraillés sur l'échelle de Richter
et de squelettes résignés (p. 63).

Maudit soit, béni soit
Le vent qui t'arrache à la mer

Le jour qui t'a jetée à la mer
Île blanche comme ma perte
Île blanche comme ta page (p. 73).

Avec quelques questions : La chaux est-elle celle que l'on jette sur des cadavres trop nombreux ? Et Haïti serait-elle blanche parce qu'elle constituerait un défi pour son peuple, à l'image du défi que constitue la page blanche pour l'écrivain ? C'est le propre de la poésie moderne que d'entraîner le lecteur dans toute sorte de spéculations, ainsi que Césaire en donne la démonstration la plus éclatante. La leçon a été entendue mais un vrai poète a sa petite musique à lui et tel est bien le cas de F. Bolivar.

On entend tout aussi bien cette musique dans la *Lettre à tu et à toi*, même si la forme n'est plus celle de courts poèmes enchaînant quelques vers brefs mais celle d'un monologue d'une quinzaine de pages adressé par l'auteur à la femme aimée,… à moins que ce ne soit à toutes les femmes qu'il désire.

« *C'est le propre de la poésie moderne que d'entraîner le lecteur dans toute sorte de spéculations* »

Je n'ai pas toujours su que cette lettre s'écrirait.
Encore moins qu'elle commencerait par votre visage : mon crime le plus récent. Je veux noter que je garde la porte ouverte, ainsi les passantes peuvent devenir vous, et, ma fenêtre s'élargira, tant que le ciel deviendra plus beau et plus grand pour les couches et les découches, si beau et si grand le ciel qui vous abrite en temps de nuages (p. 13).

Il n'en fait pas une manie mais F. Bolivar aime bien placer de temps en temps un mot cru qui nous renvoie à notre animalité :

C'est vous qui passez quand j'entends ces pas discrets ou pressés ou trop pressés ? Si c'est vous, regardez-moi. I'm beautiful. Quand je me close la petite gueule. C'est vous qui pissez, dites ? Entrez, je vous prie. Dites-moi que j'existe et que je peux être plutôt beau (p. 14).

On repère une déréliction certaine dans ce texte égayé par un humour sombre.

Et, pardonnez-moi si je vous aime dans une langue sans virgule, l'amour c'est aussi un corps cassé qui se devine dans un miroir brisé, qui parle sec (p. 15).

L'amour est triste quand il est sans espoir. Dans l'extrait ci-dessous la grossièreté de la première proposition rend plus violente la tragédie de l'amant :

Contre le gré du vent qui m'encule, j'habite un long trottoir d'étoiles. Et le pieu qui croît dans mon cœur me fait pousser un cœur de plus pour vous aimer une heure de plus. Puisqu'à vous aimer je suis mort (p. 20).

Le personnage de *Sainte Dérivée des trottoirs*, qui fait suite à la *Lettre à tu et à toi*, est perdu dans un délire érotico-mystique :

Car le ciel ne passera point tant il restera vrai que je suis née debout sur un trottoir, ici, ce soir, promise aux mystères de la croix, de la rose de la croix, dévouée à mon seigneur Jésus qui s'est fait homme pour moi seule, moi, Sainte Dérivée, appelée à me vautrer dans les délices du royaume de Dieu (p. 38).

Encore un mot détonnant – ici « vautrer » – qu'on prendra peut-être comme signe de la volonté de l'auteur de ne pas se laisser prendre au piège de sa rhétorique. Dans le cas de Dérivée, contrairement à l'allusion trompeuse à des « maisons closes » dans le titre du recueil de poèmes, le « trottoir » n'est pas un leurre et ses extases ne sont pas que surnaturelles.

> *« le 'trottoir' n'est pas un leurre et ses extases ne sont pas que surnaturelles »*

Je m'appelle Sainte Dérivée et je ne suis pas toute sainte, j'héberge en mon corps le temple de Dieu que je reçois des nuits entières jusqu'à épuisement de mes entrailles, je le reçois époux trompé, je le reçois mari trompeur, sobre ou ivre je l'accable de ma danse, je le reçois maladroit ou sûr de lui-même, bon payeur ou la mine menaçante (p. 31).

Dérivée est donc sainte au sens très particulier de ces «bacchantes» et « bacchants » imaginés par Fourier (in *Le Nouveau Monde amoureux*), qui se dévouent en rendant les services sexuels indispensables à ceux qui ne peuvent se les procurer autrement …

Vers ou prose, donc, la poésie de F. Bolivar se goûte et se médite.

Michel Herland
Critique littéraire

Dany Laferrière, l'écrivain aux mille tours

Par Mirline Pierre, M.A

Tout a commencé en 1985 avec la publication du premier roman, *Comment faire l'amour avec un nègre sans se fatiguer*. Dany Laferrière a connu un succès fou avec ce récit. Un bon début pour le jeune écrivain. La presse canadienne avait salué le récit et aussi son titre. Un titre assez audacieux qui pouvait accrocher n'importe quel amateur ou apprenti lecteur et même les travailleurs de la plume. Il raconte l'histoire de deux jeunes chômeurs, Vieux et Bouba, qui rêvent de construire leur monde. Le premier veut devenir l'écrivain le plus populaire et le plus lu en Amérique. Le second se contente d'écouter la musique Jazz. Mais tous les deux aiment les femmes.

Et depuis, Dany continue à utiliser ses stratagèmes pour s'attirer des lecteurs et construire ce qu'il appelle son *Autobiographique américaine*. En fait, Dany incarne ce personnage d'Homère, Ulysse (l'homme aux mille tours) dans la littérature antique. Ce personnage utilisa sa ruse et ses astuces pour tromper les dieux en vue de trouver le chemin du retour, après avoir passé dix ans à errer en mer, loin d'Ithaque, son royaume. Dany est l'incarnation parfaite de ce héros. Errant de villes en villes depuis plus d'une trentaine d'années, ses romans, aux titres souvent accrocheurs, ont beaucoup contribué à le propulser au-devant de la scène. *Le premier devoir d'un titre, c'est de faire plaisir aux yeux, et ensuite à l'oreille. Dans une librairie, le titre doit attirer le regard* (*Journal d'un écrivain en pyjama*, p. 226). Est-il si mauvais d'attirer le lecteur avec un titre qui ment sur le contenu du livre ? Et Dany répond : *Une façon de dire que je ne suis bon qu'à ça et qu'avec moi nul besoin d'aller au-delà du titre. Après tout, c'est peut-être mieux qu'un mauvais titre qui vous empêche d'aller plus loin. On ne peut imaginer le nombre*

« *Dany incarne ce personnage d'Homère, Ulysse (l'homme aux mille tours) dans la littérature antique.* »

des bons livres qui circulent clandestinement à cause de mauvais titres (*Je suis un écrivain japonais*, p .13).

Dany est l'écrivain *oneman show* de notre époque. Il est l'un des auteurs les plus populaires de la diaspora haïtienne. Ayant laissé le pays natal en 1976 sous la dictature de Baby Doc, craignant pour sa vie après la mort de son ami et frère de combat, Gasner Raymond, Dany Laferrière, de son vrai nom Windsor Klébert Laferrière, a vécu à Montréal et à Miami. Son père, homme politique qu'il n'a pas vraiment connu, était déjà en exil au Québec depuis vingt ans. C'était la grande mode de l'époque : l'exil ou la mort. Plusieurs intellectuels ont laissé leur peau sous la dictature féroce de Duvalier. Parmi eux, on n'arrivera jamais à oublier Jacques Stephen Alexis, notre compère soleil. Et tant d'autres. La dictature est une blessure dont on ne se guérit jamais. C'est dans ce pays du froid, que l'enfant de Petit-Goâve, a pris goût à la lecture et s'est décidé à devenir écrivain. Un matin, il a décidé de quitter son travail à l'usine pour s'adonner à l'écriture. *Je suis allé voir le boss, après le déjeuner, sur un coup de tête, et je lui ai dit que je quitte à l'instant pour devenir écrivain* (*Chronique de la dérive douce*, p. 220).

Écrivain à succès, scénariste, Dany Laferrière est un homme plein d'humour. Romancier à l'œil attentif, il peut, à partir d'un simple fait, d'un simple détail, faire un livre. Partout dans ses récits, il fait référence à ces auteurs et ces titres qu'il a lus. Il cite toujours Miller, Bukowski, Baldwin, Césaire, Woolf, Alexis, Roumain. Pour lui, la meilleure école d'écriture c'est la lecture. Elle forme le style et le goût. C'est dans cette optique qu'il prescrit toujours aux jeunes écrivains des livres

> « *Dany est l'écrivain oneman show de notre époque.* »

modèles à lire. D'ailleurs, son *Journal d'un écrivain en Pyjama* témoigne grandement de cette volonté de donner des conseils aux jeunes écrivains. En fait, ce livre est un essai de prescription sur la lecture et sur l'écriture d'un livre.

Né à Port-au-Prince en 1953, soit quatre ans avant la prise du pouvoir de Papa Doc, Dany est le fils d'un père intellectuel, Windsor Laferrière, et d'une mère archiviste, Marie Nelson. Son enfance est racontée dans *L'odeur du café* et *Le charme des après-midi sans fin*, qui sont, au fait, deux récits d'enfance ou d'apprentissage au même titre que *L'enfant noir* de Camara Laye.

Arrivé à Montréal au cours de l'été 1976, il vivra dans la solitude et la souffrance. La difficulté de vivre dans un pays étranger. Il vivra dans des chambrettes crasseuses pendant plusieurs années et fera de petits boulots dans des usines pour ne pas crever de faim et payer son loyer. En 2009, Dany publie *L'énigme du retour*, une sorte de cahier de retour au pays natal. On voit le héros marcher dans cette ville livrée aux actes de banditisme, il se plaint sur la dépravation de la jeunesse. *Je suis donc parti puis revenu. Les choses n'ont pas bougé d'un iota. En allant voir ma mère ce soir, j'ai traversé le marché. Les lampions allumés me donnent l'impression de cheminer dans un rêve* (*L'énigme du retour*, p. 138).

Connu comme l'écrivain le plus médiatisé de la diaspora, Dany a reçu des prix çà et là pour son travail d'écriture. En décembre 2013, il élu membre de l'Académie française au fauteuil 2 d'Hector Biancciotti. À Montréal, il existe une bibliothèque qui porte le nom de sa grand-mère Da. En Haïti,

> *« Arrivé à Montréal au cours de l'été 1976, il vivra dans la solitude et la souffrance. »*

il y en a une qui porte son nom. Que l'on veuille ou non, Dany est la fierté haïtienne de notre ère.

Mirline Pierre
Critique littéraire

• Troisième partie

Lectures

129 Taximan
  Par Dieulermesson PETIT FRERE

131 Chronique de la dérive douce
  Par Mirline PIERRE

134 Le peuple des terres mêlées
  Par Qualito ESTIMÉ

137 Panorama de la littérature haïtienne de la diaspora
  Par Jean James ESTÉPHA

140 Dialogue au bout des vagues
  Par Wébert CHARLES

142 Les Saprophytes
  Par Anas ATAKORA

Né à Port-au-Prince en 1956, Stanley Péan a grandi au Québec. Mélomane et critique musical, il a fait des études de littérature à l'Université Laval et publié des récits (romans et nouvelles) pour enfants et adultes.

Stanley Péan, ***Taximan***, Mémoire d'encrier, 2010, 111 pages.

Vous vous attendiez sûrement à lire l'histoire d'un chauffeur de taxi arpentant avec son véhicule les rues de telle capitale ou telle province avec des rêves pleins la tête et les soucis quotidiens du bout de ses regards. Non, il ne s'agit pas du tout de cela. Certes, c'est de cela qu'il s'agit aussi mais avec quelques différences près. Un voyage dans l'univers de ces conducteurs passés, pour la plupart du temps, comme de vieux inconnus qui traînent leurs déboires jusqu'aux confins du monde. Disons plutôt, c'est l'histoire de toutes ces choses entendues ou vécues sur la banquette arrière d'un taxi qu'un homme, dans la peau d'un narrateur, se met à nous faire vivre, comme si nous étions à ses côtés lors de ses va-et-vient incessants.

Taximan porte en sous-titre *propos et anecdotes recueillis depuis la banquette arrière*. Les histoires s'entremêlent et se ressemblent les unes aux autres. Certaines vous tiennent en haleine, prêtes à vous couper le souffle, d'autres vous laissent un peu froid. Histoire du départ d'un père pour l'exil, son séjour en Afrique comme professeur de français, cet homme qui, un soir, sous le coup de minuit, à bord d'un de ces taxis, a voulu se rendre dans un cimetière. C'est aussi cet écrivain que l'on confond avec un autre, que l'on prend pour Dany Laferrière. Histoire de ce chauffard parano qui a peur de se voir assassiné. Cette taxi-woman qui a eu une de ces collisions avec une automobiliste qui faisait marche-arrière dans une route à sens unique. Cette mésaventure du jazzman afro-américain, Ladell McLin, victime de racisme dans un TGV à Paris. La belle France de Sarkozy « dont le seuil de tolérance au racisme et à la bêtise humaine est assez peu élevée » (p. 96). Des pans de vies promenées en taxi de villes en villes, d'une avenue à une autre et d'une province à une autre.

Des histoires succulentes, croustillantes et haletantes (captivantes) qui se laissent lire avec appétit. Tantôt avec une petite pince de rire, de hochement de tête, ou une envie de finir aussi vite que possible tel récit, tel passage ou tel chapitre et passer à tel autre qui se révèle parfois plus intéressant et captivant que le précédent. De petits bouts de vie pris sur le vif. *Taximan* est un voyage dans l'intimité du narrateur évoquant sa vie d'écrivain, ses rencontres avec ses person-nages au volant qui sillonnent les rues de Montréal et ses environs. Ces conducteurs joviaux, sympas ou même brutes, qu'ils croisent souvent, rien que parce qu'il bouge beaucoup, et avec qui il finit par se familiariser. Des récits s'inscrivant dans cette tentative ou cette dynamique de dire le réel de deux peuples si loin géographiquement mais si proche si l'on considère certaines particularités culturelles.

Avec ces récits, l'auteur québécois d'origine haïtienne, Stanley Péan, se révèle être un écrivain attentif, plein d'humanité et d'humour, qui prend le temps de penser à l'autre. Il écoute, regarde, décrit et prend en compte tous les petits détails, parfois insignifiants, mais qui risquent de contribuer au petit bonheur des autres. Entre nostalgie de la terre natale et cette vie un peu déroutante, dans le froid glacial de l'Amérique du Nord, il apporte un brin de chaleur, un peu de désir de vivre dans ce monde largement dominé par l'intolérance, la peur, la violence et la bêtise.

Le narrateur se présente volontiers comme un errant. Il a le goût du voyage, aime les découvertes et les rencontres fortuites. C'est peut-être pour cette raison qu'il s'inscrit dans une dynamique du mouvement. Il porte avec lui et en lui toutes les particularités de l'espace et du temps. De ce temps et de cet espace qui lui appartiennent et qu'il garde dans ses errements. C'est dans ces pérégrinations, ces voyages ou ces déplacements d'un lieu à d'autres qu'il prend sa place dans le monde. Qu'il existe et se sent exister.

Le personnage-narrateur est un aventurier. Il aime se sentir libéré des soucis quotidiens du monde qui l'entoure. Il aime la compagnie de ces hommes ou de ces femmes à l'allure sympathique, le front mélancolique mais le rire contagieux. Ces êtres ayant toujours une histoire sur le bout de la langue comme pour vous tenir compagnie. *Taximan* est un recueil de récits incisifs, hachés et bien ancrés dans l'univers canadien. Une chronique assez passionnante, d'un humour débordant, qui met en relief la vie simple, tantôt heureuse, tantôt compliquée des chauffeurs de taxi du monde entier.

Dieulermesson PETIT FRÈRE, M.A.

Dany Laferrière est né en Haïti en 1953. Auteur prolifique, il a publié plus d'une vingtaine de livres. En 2009, il a reçu le prix Médicis pour son roman *L'énigme du retour* et en 2013, il est admis à l'Académie française au fauteuil 2.

Dany Laferrière, ***Chronique de la dérive douce***, Éd. Grasset, 1994, 220 pages..

Nous sommes en 2009 lors de la publication de *L'énigme du retour* de Dany Laferrière, le roman qui lui a valu le prestigieux prix Médicis la même année. Dans ce roman, il s'agit du fatal retour du personnage principal dans sa terre natale ou encore dans sa terre aimée après un long séjour dans la ville de Montréal. Il avait laissé sa ville contre son gré mais pour sauver sa peau face au régime de Baby Doc, après l'assassinat de son ami journaliste, Gasner Raymond. À son retour, il a trouvé un pays dévasté par la faim, la peur, la misère et la dépravation de la jeunesse. Où tout est à refaire.

Quinze ans avant la parution de ce livre à succès, Dany Laferrière avait publié un livre qui, tout de même n'était pas passé inaperçu, *Chronique de la dérive douce*, réédité en 2012 par les Éditions Grasset en France. Si dans *L'énigme du retour*, il est surtout question du retour de Dany à Port-au-Prince, dans ce livre, le narrateur relate plutôt son arrivée dans la ville de Montréal. Seul dans une ville où il ne connait personne, le narrateur-personnage est triste et tombe comme une étoile dans un pays où chacun s'enferme dans son monde ; il est donc victime de l'isolement comme tant d'autres. Difficile transition, il doit, malgré lui, s'adapter à sa nouvelle vie.

1976, la dictature bat son plein en Haïti. C'est la cinquième année du règne de Baby Doc. Dany est journaliste au *Petit Samedi soir*. Son collègue Gasner Raymond vient d'être assassiné. C'est le choc. Les journalistes sont prévenus. Et le prochain sur la liste serait le petit-fils de Da. Paniqué, apeuré, il prend donc la fuite dans cette grande ville avec l'idée de refaire sa vie là-bas, dans ce pays où il n'a personne sinon que le froid et les petits boulots qui l'attendent.

Je quitte une dictature
tropicale en folie
encore vaguement puceau
quand j'arrive à Montréal
en plein été 76 (p.11).

Chronique de la dérive douce est, comme la plupart des romans de

Dany Laferrière, un livre autobiographique. Il y raconte ses premières années à Montréal, son contact avec le froid, les quatre saisons, les ouvriers dans les usines, son goût pour la lecture et ce qui l'amène à l'écriture, jusqu'à ce qu'il pense à s'acheter cette machine à écrire (*le Remington 22*), grâce à quoi il se consacrera à la vie littéraire.

Le narrateur est à un stade d'apprentissage. Tout est nouveau à ses yeux. Les mœurs, les habitudes sont différentes. Les repas ne sont plus les mêmes. Le comportement des gens, leur manière de voir et d'appréhender le monde, tout cela constitue un choc à ses yeux. Sans domicile fixe, il devient, tout à coup, un errant allant de places en places pour regarder les gens courir dans tous les sens. Il comprendra plus tard que pour vivre, il lui faut apprivoiser la culture de l'autre.

Je dois dire qu'on ne mange
pas la même nourriture,
qu'on ne s'habille pas
de la même manière,
qu'on ne danse pas
aux mêmes rythmes,
qu'on a pas les mêmes odeurs,
ni les mêmes accents
et surtout qu'on ne rêve de la même
façon,
mais c'est à moi de m'adapte
(p. 218).

Le narrateur se perd. Dans cette ville grouillante de monde où il a l'impression que les gens courent constamment pour rattraper le temps. Aussi se fait-il des idées sur ce qu'il voit. « Il y a des gens, des arbres, un ciel, de la musique, des filles, de l'alcool, mais quelque part, j'ai le sentiment différent sur des points très précis : l'amour, la solitude, le rêve ou la jouissance. Mais tout ça n'est qu'une intuition » (p. 19).

Dans cette chambrette crasseuse, il n'arrive pas dormir dans la paix et le calme, il y a tellement de bruits dans ces quartiers pauvres. Il voit que la misère est partout. Ses conditions de vie sont très précaires. L'argent qu'on lui donne à l'usine ne lui permet pas de sauver le quotidien. S'il y travaille, c'est pour ne pas participer à des actes de banditisme. Entre temps, le narrateur lit tout ce qui lui tombe sous les yeux. Et il lit partout, dans le bus, sur la place publique, sur le lit, aux cabinets (Henri Miller, *Lire aux cabinets*). Il s'adonne aussi au plaisir sexuel, couchant avec les femmes qu'il n'arrive même pas à payer.

J'ai deux vies parallèles
et ça finit
par couter trop
cher en énergie
comme en finances.
la seule façon

de m'en sortir c'est
d'en ajouter
une troisième

Julie pour le cœur.
Nathalie, pour le sexe.
Il me faut vite quelqu'un
pour l'argent (p. 144).

Dans cette ville froide, la lecture n'est seulement le passe-temps du narrateur. Il est aussi sa passion. Sa raison de vivre dans cette ville lointaine. C'est aussi son espoir et son avenir. Son compagnon. Son ami-fidèle. *Chaque fois que je tiens un livre dans ma main je me sens rassuré sachant qu'à tout moment je peux m'asseoir sur un banc et l'ouvrir* (p. 74). Et la lecture va l'amener à l'écriture. Il va tout abandonner pour s'y adonner complètement. Elle deviendra pour lui un prétexte pour raconter son envie de vivre, sa tristesse et sa joie de vivre.

Je suis allé voir le boss,
après le déjeuner,
sur un coup de tête,
et je lui ai dit
que je quitte
à l'instant
pour devenir écrivain (p. 220).

Écrit sous la forme d'un long poème interminable *Chronique de la dérive douce* est un récit à la première personne. Le narrateur participe à l'histoire. Il nous rappelle le Cahier d'un retour au pays natal d'Aimé Césaire. Il a très peu de dialogues. Peu de personnages aussi. L'action n'est pas figée, c'est-à-dire qu'il y a un aller-retour dans les lieux. Si *Le Cri des oiseaux fous* parle de l'enfance de Dany, et *L'énigme du retour* relate son retour dans sa ville natale, laissée à 23 ans, Chronique de la dérive douce est donc une espèce d'énigme du départ ou de l'arrivée (V. S. Naipaul).

Mirline PIERRE

Né le 16 novembre 1932 à Jérémie (Haïti), René Philoctète est, avec Jean-Claude Fignolé et Frankétienne, le Co-fondateur du mouvement « Spiralisme ». En 1960, il fonde avec ses amis le mouvement Haïti Littéraire.

René Philoctète, *Le peuple des terres mêlées*, Port-au-Prince, Éd. Henri Deschamps, 1989, 147 pages.

C'est Milan Kundera qui disait qu'« il y a des situations historiques qui nous forcent presque à écrire des romans ». C'est peut-être ainsi que pourrait s'expliquer le fait que beaucoup de romanciers haïtiens ont traité ou ont fait allusion au massacre des haïtiens par l'armée dominicaine à la frontière haïtiano-dominicaine en 1937, depuis son avènement.

Le roman *Le peuple des terres mêlées* de René Philoctète est alors de cette donne. C'est un roman du mouvement *spiraliste* dont l'auteur est co-fondateur avec Jean-Claude Fignolé et Frankétienne. Un texte d'un carnavalesque littéraire à dérouter le lecteur. En effet, plusieurs voix narratives se substituent au narrateur principal pour raconter leur propre histoire et conter aussi celle des autres en faisant progresser l'intrigue. Même si ces voix nous mettent souvent en présence des mêmes évènements et nous ramènent dans les mêmes lieux, il n'y a pas pour autant de progression linéaire, la spirale progresse vers le haut concrètement. Philoctète dans ce roman s'est surement retrouvé confronter à cette question à laquelle les romanciers sont habitués : comment dire son mot ? Et un discours si amer que celui qui se penche sur le récit de milliers d'êtres humains lâchement assassinés ne saurait s'émaner des lèvres d'une entité sociale quelconque ou d'un tiers dérisoire. Le poète que fut donc Philoctète a trouvé refuge derrière l'image d'un tap-tap connu en république voisine sous la dénomination de « Guagua », surnommé Chicha dans le texte. Cette petite camionnette en mode narrateur premier, transporte les gens d'Elias Piña, elle les connait tous et aussi leur histoire. Elle porte dans son cœur un amour pour Adèle, une jeune négresse de Belladère, et Pedro, un mulâtre dominicain, dont elle a vu éclore leur idylle un jour de marché à Elias Piña. Sa voix est, tout au long du roman, supplantée par celle d'Adèle, de Pedro, du chauffeur de la Guaguaet autres, et dit, dans une polyphonie intense, l'infamie qui s'acharne à anéantir le lien entre deux pleuples frères.

L'histoire s'ouvre alors avec le jour, il est cinq heures du matin et un spectre qui semble avoir la forme d'un oiseau de mauvais augure «tourne dans le ciel d'Elias Piña, petite ville frontalière dominicaine.» Comme pour enclencher la machine des malheurs, un vieux chasseur du village décide d'abattre « l'oiseau sorcier [qui n'a pas de sang], pour conséquence, il se brûle la cervelle d'un coup de revolver, « on ne s'attaque pas impunément à la machine ». Mais qu'elle est donc cette machine ?

Le cadre de l'histoire sort de l'ordinaire. L'intrigue se déroule sur fond d'une haine que porte un homme, le chef de l'État dominicain Rafael Leonidas Trujillo «qui définit la nation dominicaine non par sa vie commune ni par son projet collectif, mais au regard de sa couleur de peau». Le chef suprême est résolu que les dominicains sont « les blancos de la tierra », un peuple choisi qui, par conséquent, doit être heureux. « Depuis, la folie, en République Dominicaine, est la raison suprême. Raison d'État », c'est l'histoire d'une vengeance, d'une revanche à consumer. La Citadelle du roi Henri léguée au peuple haïtien est le mobile de la convoitise de ce dictateur qui veut se venger et ainsi effacer de l'histoire de sa République la campagne de l'Est du général Boyer.

On est entre le 2 et 3 octobre 1937. Le pressentiment du massacre est là, par l'abêtissement du pouvoir, le sang va couler. Se faisant représenter loyalement par el Señor Perez Augustin de Cortoba dans le village, le dictateur a alors décidé que le peuple de la frontière devra pouvoir prononcer un mot fatidique : « perejil », nom d'un « condiment roturier du potager » (p. 93), le persil, pourtant un mot qui porte la mort. Le récit prend donc corps dans le réel, porte le fantastique, le surréel et le symbolique, comme dans un tourbillon logique, l'intrigue s'achemine. La Guardia dominicaine est dans le village. Pedro, ouvrier à l'usine sucrière, s'organise avec d'autres pour tenter de faire face à la machine. Mais rien, « le Comité des Cabezas Haitianas approuvé, applaudi par la chambre des représentants, les conseils communaux, les tribunaux... » (p. 101) mène son opération « comme il a été convenu, sans faille ni bavure » (p. 117) ainsi « des dizaines de milliers de cranes zigzaguant, s'entrechoquant, s'entrebattant »(p. 127) jonchent le sol des villages. Adèle y passera elle aussi, décontenancée, elle perdra sa tête, ne pouvant prononcer le mot obligé, et dans un fantastique et étourdissant déroulement du récit la tête d'Adèle se mit à chercher Pedro qui, tant de fois tentait de l'aider à dire ce mot que lui-même ne parviendra pas à prononcer correctement son tour venu, c'est la mort !

Aberration totale, « pendant que les machettes dominicaines fouraillaient dans les muscles haïtiens, là-bas » (p. 123), la Présidence haïtienne, le gouvernement, les fonctionnaires civils festoyaient au Palais national. L'armée buvait, jouissait à s'enivrer dans des fêtes dionysiaques. Encore plus déconcertant, le silence autour de ce massacre, les journaux dominicains n'en parleront que pour informer de la réussite de l'opération. Ceux d'Haïti attendront plus de soixante jours pour étaler leur insignifiance. La religion, la communauté internationale, toutes, noyées dans une torpeur bleue, telle cette pluie fine qu'attend Elias Piña depuis des lustres. Une histoire construite à partir d'une logique indocile, dans une alternance de voix inhabituelles. Et quand viendra le réveil du sommeil insouciant, comme pour réparer les dommages et s'excuser du bain de sang, « le gouvernement dominicain s'engage à payer une indemnité de sept-cent-cinquante mille dollars que le gouvernement haïtien est libre d'employer. » (p. 126) Somme qui viendra alors remplir les poches des grands prélats.

Une autre façon de sublimer la migration et ses effets. Une plume excellente, perspicace, qui porte une écriture lumineuse. La plume de Philoctète qui romance et spiralise l'absurdité des hommes du pouvoir et de la haine fratricide. Un récit produit dans un langage désarticulé qui mobilise cependant toute la satire populaire. Il dit les déboires de ce peuple de la campagne, migrateur, dans ses activités de commerce. Ces hommes et ces femmes qui ont migré à la frontière dans laquête d'une vie meilleure. Mais hélas, ils ont fait face au piège du néant. C'est de ce massacre que s'est échappée Céline dans *La Case de Damballah* de Pétion Savain, elle qui était allée le matin chercher de l'eau avec les enfants de son village pour ne revenir, par peur des coups de feu, que dans la soirée, assister à l'hécatombe et terrifiée devant la défiguration de son père à coup de machette.

Demeure alors cette perte de mémoire que le mot littéraire promet d'enrayer, auprès de ces rescapés des deux camps. Ce peuple des terres mêlées qu'aucune haine des hommes ne pourra délier. Qui avait semé la terre avec l'humble espoir de la récolte en la bonne saison.

Qualito ESTIMÉ

Pierre Raymond Dumas est né en Haïti le 16 mai 1961. Essayiste, journaliste-éditorialiste et critique d'art, il collabore depuis plus de vingt ans au quotidien *Le Nouvelliste*.

Pierre-Raymond Dumas, ***Panorama de la littérature haïtienne de la diaspora***, Port-au-Prince, Imprimeur II, 2000, 504 pages.

En l'an 2000, année de toutes sortes de prévisions et de folies, Pierre-Raymond Dumas n'a certainement pas posé un acte prétentieux en apposant sa signature sur un texte dont l'écriture est dictée par la lecture d'autres livres. *Panorama de la littérature haïtienne de la diaspora* n'est pas tout à fait une anthologie, il est peut être même plus que cela. Il est, selon son propre auteur, à la fois anthologie et critique, ou plutôt un «un livre bilan» en ce sens qu'il regroupe « un ensemble de textes critiques ou, mieux, de commentaires et de comptes rendus de lecture sur les productions de la littérature haïtienne de la diaspora ».

Cent-vingt et un auteurs haïtiens ou haïtiens d'origine sont répertoriés dans ce livre de cinq-cent-quatre (504) pages édité par l'Imprimeur II dans la collection haïtienne « le texte court » série essais. La publication de cette édition complète est le couronnement de plusieurs années d'un travail dont les lecteurs avaient déjà pris connaissance aux mois d'aout-septembre 1985 dans les colonnes du *Nouvelliste* –le plus vieux quotidien francophone d'Amérique– et quelques mois plus tard dans la revue franco-haïtienne dénommée *Conjonction* (Nos 167, 170-171). Quelques années plus tard, soit en 2012, les Éditions C3 ont donné une seconde vie au livre.

Le travail réalisé par Pierre-Raymond Dumas dans ce livre s'apparente aussi à un recensement. Un travail colossal. Pour y arriver, l'auteur a pu compter sur un certain nombre de sponsors, huit au total et quinze années d'efforts assidus. Le livre est dédié à Man' Simone, une femme à qui l'auteur doit beaucoup, et est également précédé d'une présentation signée par l'auteur et d'un sommaire qui présente par ordre alphabétique les auteurs recensés. Le texte proprement dit s'étend de la page 35 à la page 452. De la page qui suit celle-là jusqu'à la page 461, on trouve la bibliographie tandis qu'une notice biographique des auteurs recensés est présentée aux pages suivantes. À la fin de l'ouvrage, l'auteur dresse une liste de 29 noms qu'il appelle « Index additionnel des Auteurs » avant de clore avec la table des matières.

Les 121 auteurs sont présentés dans l'ordre alphabétique. Le nom de famille est souvent employé seul, mais, certaines fois, il est précédé du prénom de l'auteur en question. Mais quelque soit le cas de figure, il(s) est (sont) toujours suivi(s) d'un qualificatif (COLAS : Amateur) p.128, d'un groupe syntaxique (ANTOINE : Une poésie sans avenir ; Jean-Claude CHARLES : « Être dehors et être dedans ») p. 43 et p. 94 ou tout simplement du titre d'une œuvre phare de l'auteur ou une référence à celle-ci (CHAUVET : *Amour, colère et folie* ; DOMINIQUE : *La critique de l'arme*) p. 172. Plus bas, on trouve le nom complet de l'auteur suivi de ses œuvres, du nom de la ville, de la maison et de l'année d'édition. Puis, l'auteur présente une critique des œuvres de l'écrivain. Cette critique nous permet de comprendre que les auteurs listés n'ont pas été l'objet d'un choix qualificatif. D'ailleurs, un tel choix pourrait-il convenir à l'esprit de ce panorama ?

Un goût d'inachèvement

Panorama de la littérature haïtienne de la diaspora de Pierre-Raymond Dumas est un livre facile et agréable à lire. Un travail qui retient l'attention de la première à la dernière page, que ce soit pour une lecture jouissive ou documentaire. Cependant, force est de constater qu'il comporte un certain nombre de limites inhérentes à la nature même du projet. Comment recenser l'ensemble de la production littéraire et scientifique de la diaspora haïtienne sans être exhaustif ? Les obstacles, d'après Pierre-Raymond Dumas, sont nombreux : absence de notice biographique, rareté des livres... Malgré la présence de la liste additionnelle, l'auteur lui-même l'admet, il y a eu des omissions regrettables. De ceux-là, on peut citer : Régnor C. Bernard, Marie-Ange Jolicoeur, Francis Séjour Magloire, Claude Peters, Guy D. Georges, etc. Heureusement, comme il le souligne, le livre est le premier d'une série. Un travail inachevé méritant une mise à jour continuelle au regard de l'évolution et au rayonnement de la catégorie qu'il décrit.

Pierre-Raymond Dumas n'a pas fait de choix qualitatif des auteurs, cela permet au lecteur de comparer les textes et l'invite à les apprécier pour ce qu'ils sont en réalité. En ce sens comme le souligne l'auteur, ce panorama, au fil de son développement ultérieur, pourra être un outil important dans le cadre d'un cours de littérature haïtienne du 20ème siècle.

Cependant, on peut se demander dans quelle mesure il atteindra le but visé ? Le jeune apprenant qui a le livre entre les mains se trouve entre deux choix possibles : se souscrire et/ou adhérer à la lecture de l'auteur ou piqué par la curiosité et s'orienter vers la lecture intégrale de l'œuvre afin de se faire sa propre lecture. Dans un contexte où l'enseignement de la littérature au secondaire haïtien est à refaire, on ne peut que souhaiter que l'apprenant fera toujours le second choix.

Jean James ESTÉPHA, M.A.

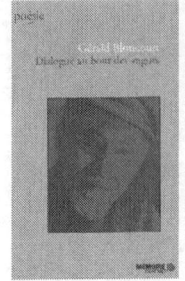

Peintre, Photographe, Gérald Bloncourt naît le 4 novembre 1926 en Haïti. En 1944, il a participé aux côtés de Dewitts Peters à la création du Centre d'art. Expulsé d'Haïti en 1946, il s'installe à Paris où il s'adonne à la photographie.

Gérald Bloncourt, ***Dialogue au bout des vagues***, Montréal : Éd. Mémoire d'encrier, 2008, 90 pages.

Dialogue au bout des vagues est un ensemble de textes épistolaires écrits à deux plumes. Il faut que je vous le dise urgemment. Car si sur la première de couverture du livre, l'éditeur écrit « Poésie », il faut rapidement oublier cette étiquette, immédiatement après avoir franchi la première page. Si l'étiquette vous a porté à choisir ce livre plutôt que tel autre, elle a fait son travail. Passez à autre chose. Car, il s'agit plutôt d'échanges de lettres, souvent poétisées, parfois banales, juste pour garder le contact, dire à l'autre que le fil qui nous tient debout persiste, résiste au-delà du froid polaire et des cendres de deux décennies de terreur. Gérald Bloncourt, éternel exilé, après quarante années passées loin de son île natale, partage ses peines, sa nostalgie et son amour du pays avec une jeune femme anonyme, qui n'aurait pas plus de trente ans mais qui reste toutefois dans l'ombre. Femme anonyme ou inventée ? Seul le style nous permet de trancher. «ELLE a choisi l'italique/IL a pris le romain», écrit-on dans le prologue du livre, « Exils à terme ». Mais, cette ELLE anonyme ou rendue anonyme se différe de Bloncourt par son style souple, féminisée, sa charge émotive et ce « besoin de parler », « de dire » cette île, « ces fleurs sous les décombres » (Jean-Claude Charles). Gérald Bloncourt écrit entre l'Europe et Haïti, « entre ciel et terre », dans un studio à Paris ou dans une chambre à Delmas. C'est la fin de la dictature, et aux mots/maux pour raconter ce temps d'indécision vient se mêler la passion de deux corps qui tanguent. « Et puis nous voilà tous deux à Delmas dans l'affreuse tourmente des chaussées défoncées ! Les gouttes de lumières de Port-au-Prince noctambule s'amenuisent » (p. 25). Vite le pays dévoile ses plaies aux soirs de *déchoukage*. Mais, si Bloncourt se retrouve face à une ville détruite, il parvint à l'aimer quand même.

« J'aime ce pays dans sa totalité ses habitants et sa merde j'aime ces fantômes en lisière des pourritures-masures j'aime ses mornes et l'odeur amer-sucrée des caniveaux ses

ses regards surdoués de beauté... » (p. 32). Au-delà de la pourriture, l'amour résiste. L'amour de la ville certes, mais aussi l'amour avec un grand A, l'amour comme fin, comme besoin d'aimer et de vivre :

« Je te veux, toi ma forme d'anxiété, à hauteur de nombril, à couleur de sexe chaud. Je te veux au-delà de nos rêves allumés pour souder dans nos mémoires, l'héroïsme, la force et la surréalité de ce que les autres, les « civilisés » nomment « les scènes horribles » des lendemains de la répression » (p. 22).

L'amour se mêle à la haine, à l'horreur. Car, les correspondants le savent, il faut laver le sang par le sang, et ce n'est pas un crime si c'est pour se débarrasser des crimes beaucoup plus horribles, conjurer des fantômes qui pèsent sur son avenir.

« L'horreur, crie-t-on quand une tête humaine au regard pétrifié roule au milieu d'une foule ivre de cette délivrance. L'horreur ? Non, ce n'est pas l'horreur, mais l'appropriation collective de l'espace politique social vital, la rupture brutale avec trois décades de veulerie, de crime, de corruption et de cauchemar » (p. 23).

L'horreur devient « amour », renonciation à de longues années de corruption. Mais, au-delà de cette image macabre de la ville, l'espoir persiste. Les fleurs naissent pour donner naissance à un lendemain meilleur. Même si trente ans après, le pays semble s'enliser dans un chemin de non-retour, où les horreurs deviennent de plus en plus insupportables :

« Tu sais, à la rue Saint-Honoré, l'une de celles où il n'y a jamais eu de verdure, j'ai vu les gens mettre en terre des plants de bougainvilliers, des palmistes, et des colères, après le sept février » (p. 45).

Wébert CHARLES, Msc.

Noël Kouagou est Togolais. Né en 1975, il vit et enseigne en Allemagne comme le signale la quatrième de couverture de son roman sèchement titré *Les Saprophytes*.

Noël Kouagou, ***Les Saprophytes***, Paris, Éd. Jets d'Encre, 2012, 128 pages.

Dans ce roman –le tout premier de l'auteur– il s'agit d'une histoire d'immigration avec ce qu'elle charrie habituellement : rêves et ferveurs d'avant-voyage, misères et désenchantements d'après-voyage. Seulement l'angle d'attaque de Noël Kouagou mérite qu'on s'y attarde. L'immigration sous sa plume ne se décline pas dans la logique Afrique-Europe ou Afrique-États-Unis. L'auteur nous transporte vers un autre coin du monde : Dubaï.

En effet, Tchéta, l'héroïne du roman, est tombée sur une occasion d'aller travailler comme employée d'hôtel à Dabaï. Visa en poche, elle s'envole pour l'ailleurs qu'elle pense meilleur à son pays natal, un pays d'Afrique que l'auteur s'abstient de nommer. Partie rêveuse, elle arrive là-bas enthousiaste, mais au fil des jours, la désillusion s'installe avec un travail mal rémunéré qui la conduira progressivement dans la prostitution, les réseaux de proxénètes arabes et tout ce qui va avec l'industrie du sexe. Au final le sida !

Sur le fond, *Les Saprophytes* de Kouagou est un roman qui porte sa date. L'actualité aidant, on sait le nombre assez important d'Ouest-africains qui vivent l'enfer au Gabon, au Liban et dans d'autres pays de l'Orient. L'immigration en Orient n'étant pas sujet très courant dans la littérature africaine, on peut reconnaître à Kouagou son bon écart. Cependant, on ne peut comprendre la globalisation dont fait preuve l'auteur alors qu'il a bien choisi Dubaï comme cadre. En effet, dans le roman la récurrence de la formule « En Europe, en Orient ou quelque part ailleurs » ne rend pas service au récit de Kouagou. La littérature africaine connait déjà de grands récits d'immigration. Des récits coups de poing aux mirages d'Europe comme par exemple *Le ventre de l'Atlantique* de la Sénégalaise Fatou Diome ou encore des récits confessions sur les misères de l'immigré en France et aux États-Unis comme par exemple *Un Rêve d'Albatros* du Togolais Kangni Alem. La liste est longue, et l'intérêt du roman *Les Saprophytes* résiderait dans le choix de l'Orient comme théâtre des désastres de l'immigration. L'écrivain aurait donc dû discipliner son narrateur à éviter toute extrapolation. De plus, l'émotion trop à fleur de plume et le parti trop pris du narrateur entraînent une inflation d'adjectifs qui affaiblit sa posture. Tchéta, l'héroïne, aurait dû être la narratrice de son propre récit, comme dans la dernière partie du roman où le narrateur la laisse écrire une longue lettre à sa maman. Lettre dans laquelle le lecteur se rendra compte que la narration est plus fluide, quoique par endroits, le discours sur les problèmes sociopolitiques de l'Afrique peine à être une fiction romanesque.

Si le narrateur de Kouagou est agaçant, son héroïne, elle, est étonnante. Tchéta est un personnage taché d'une grande immaturité. Sa naïveté n'a d'égal que sa générosité. Malgré ses misères d'immigrée, elle porte encore la charge de tous les autres restés au pays. Sa propension à satisfaire rappelle « Issaka, le plongeur » l'un des personnages de l'autre Togolais Ayi Hillah.

Chez Kouagou, la misère de ceux qui vivent à l'étranger est en grande partie occasionnée par les autres restés au pays. Contre ces derniers, sa révolte est verte, à commencer par le titre même de son roman : les saprophytes. Il ne leur trouve aucune excuse, et on peut bien le comprendre, à voir ce qu'ils demandent à la diaspora. Mais alors, sont-ils réellement coupables, ceux-là ? Un simple refus suffirait aux immigrés pour couper court. C'est leur tendance à jouer aux guichets automatiques qui entraîne d'autres mendicités. Plus résisteront les donneurs, rares seront les demandeurs. Soit !

Il faut peut-être penser que les saprophytes est un titre qui fait référence aux faux culs qui, aujourd'hui, attirent dans leurs filets, par personnes ou par internet interposés, les jeunes des pays en mal de développement inclusif. L'exemple du patron de Tchéta : Geiselnehmer. Ce dernier, proxénète bien habillé par son statut de responsable d'hôtel, a exploité l'héroïne dans tous les sens, elle qui était décrite comme « une beauté angélique, un pont arrière imposant, des seins spirituels » (p. 19), s'est retrouvée flasque et agonisante dans une société dubaïote qui l'a entièrement consumée.

D'ailleurs, à bien y regarder, le roman de Kouagou est un récit qui pleure la déchéance d'une beauté féminine. Déchéance psychologique d'abord avec une Tchéta innocente, devenue vaniteuse avec son visa pour Dubaï et qu'on retrouve déprimée et déplorable dans une piaule isolée loin des merveilles qu'elle imaginait. Déchéance corporelle ensuite avec la chair qui cède progressivement face à l'usure de l'immigration, face aux exploitations sexuelles qui ont fini par avoir raison de toute la personne. Tout le récit reste donc axé sur Tchéta, les autres personnages sont évanescents. Le narrateur a laissé oisifs certains protagonistes de l'œuvre. Pourtant, bien de personnages étaient prétextes à récit : Nathalie, Evelyne, Germaine et Mélanie. Ce groupe de personnages féminins, présentés comme des Africaines vivant à Dubaï avant l'arrivée de l'héroïne, auraient pu servir à une profonde exploration de cette société. Malheureusement, ils se retrouvent sans grand rôle dans le récit. On en vient à douter même de leur réelle importance. Ce qui affaiblit davantage l'intrigue déjà portée par une écriture trop juste. La plume de Kouagou n'est pas colorée. À l'image de Dubaï, on aurait souhaité une écriture feu d'artifice pour décrire la misère dans ces villes debout comme dirait Céline de New-York. Son écriture littérale a empêché la dédramatisation et la distance suffisante pour sa fiction narrative. Mais l'immigration qui marque durement et durablement la chair et l'esprit, oblige souvent la naissance des textes comme *Les Saprophytes*.

Anas ATAKORA

Quatrième partie

Créations

147 **Solongo et autres textes...**
Jean-Durosier Desrivières

157 **Poèmes bilingues**
Patrick Sylvain

163 **Là-bas aussi**
Anas Atakora

167 **Dilemme**
Indran Amirthanayagam

171 **Poète exilé**
Marie Alice Théard

175 **Je t'aime mais je pars**
Méleck Jean-Baptiste

Solongo et autres textes...
———Jean-Durosier Desrivières

Né à Port-au-Prince, Jean-Durosier Desrivières réside en Martinique. Enseignant, critique littéraire, poète, dramaturge, il a animé des ateliers de théâtre éducatif, des émissions de musique et de littérature à la radio et à la télévision, en Martinique, en Haïti et en France. Prix Spécial du Jury Etc_Caraïbe / Beaumarchais en 2013, pour son texte La jupe de la rue Gît-le-Cœur/Théâtre comme audience d'un petit roman, *il est aussi membre fondateur de la revue* L'incertain.

Solongo

C'est mon beau-frère qui m'a réveillé pour assister à la pendaison du dictateur en temps réel, monsieur. L'exécution en direct live de Saddam. Sauf qu'il n'y avait pas d'exécution à voir en live, sinon des flashs infos et des commentaires de journalistes surexcités sur des images d'avant et des images d'après cette exécution. Ce samedi 30 décembre annonçait une nouvelle année sans présence de dictateur en Irak et sans soupe de l'indépendance de Terre-Haute ce premier janvier à New-Jersey, car ni ma sœur ni moi ne savons la préparer, cette soupe. Depuis ce samedi-là, j'étais plus attentif à l'évolution du prix du pétrole qui affole les uns et gonflent les poches des autres, monsieur ; au biocarburant qui faisait flamber les cours du riz et à la faim qui prenait de plus en plus de terrain dans le monde. Après tout, le coût de nombreux produits de première nécessité avait doublé, voire triplé dans la zone euro. La baguette de pain est passée de 0,46 euros à 0,95 euros via 0,75 euros en France, et moi, je suis passé de New-York à la Barbade via Porto-Rico et Sainte-Lucie, pour renouveler mon visa américain, parce que l'ailleurs m'avait appris la conscience d'avoir toujours mes papiers à jour, monsieur. Bridgetown m'a vu marcher dans ses rues deux nuits de suite. L'horloge du parlement barbadien mentait certainement à l'heure où j'ai traversé le pont du Careenage pour une escale au Limelight Café. Un serveur dans un froc de Zorro m'a servi un Banks que j'ai siroté en filtrant les conversations extravagantes des autres clients qui fusent dans la nuit ; en contemplant les bateaux qui dansent sur l'eau et les lampadaires qui reflètent leurs lumières dans le tangage lent des ondes de la mer ; ces lampadaires qui jouent aux porteurs d'eau d'Indochine ; mieux, à de multiples Christs crucifiés et tremblant en mer. La ville vit à vitesse mesurée de l'autre côté du wharf. Fini le *trafic*. Au loin, les véhicules tournent sans arrêt comme des fantômes. Les chauffeurs de taxis cherchent des clients et espèrent patiemment. Noël traîne encore ses lumineuses et ses guirlandes téméraires. Les solitaires caressent leur solitude sur le ponton. Je devais reprendre l'avion pour Petite-Île en passant par Sainte-Lucie, le lendemain, monsieur, avec un autre visa, de cinq ans de validité. Mon ami Carlo, sur son lit d'agonie, suggérait à ses amis les plus proches qui l'entouraient, une seule alternative : se résigner à rester à Terre-Haute ou partir ; bien choisir sa destination et ne prendre l'avion qu'une seule fois ; un aller simple, c'est tout. Sa phobie de l'avion était son dernier legs à ses complices. Je crois l'avoir contractée à ma manière, cette phobie. Je panique avant et me détends dedans. Dans l'avion. Me voici donc incapable aujourd'hui d'entendre la suggestion de mon ami défunt, puisque je ne compte plus mes passages désormais, d'un aéroport à l'autre, d'un oiseau de fer à l'autre, d'une île fragile à l'autre, d'un continent insolent à l'autre. Je ne t'écoute guère Carlo ! Parce que je n'aime pas les morts ! Encore moins l'invalidité de leurs conseils. Ennemis ou amis, bourreaux ou victimes, je préfère les vivants dans leur spectacle hybride de justice et d'injustice. Je fais vœu d'abandon de la peur et de la peur de la mort, par la même occasion, monsieur. Je vis entre Epicure et Saint-Exupéry. J'aime les mots de ces morts. *Don Quichotte* est trop lourd à porter. J'ai choisi de garder toujours dans mes poches *Le petit prince* et *La lettre sur le bonheur*. Cette Lettre à Ménécée m'est personnellement adressée. Je ne compte plus le nombre de fois que je l'ai lue et relue, monsieur. J'ai un peu de mal avec les philosophes copistes de mon époque, les penseurs multimillionnaires ou milliardaires contemporains. Epicure aurait beaucoup de mal, en ce début de notre XXIᵉ siècle, à en découdre avec certains philosophes dits hédonistes et d'autres dits engagés. Je déteste les dieux de la télé et les penseurs médiatiques, monsieur ; je m'écarte des grandes personnes qui jouent aux grands esprits et des économistes qui nous effraient avec leurs obsessions de la croissance ; je renonce aux notions de bornes et de lisières, et je jongle avec mes lieux communs propres, et je feinte la mort avec mes humeurs changeantes. Les corps sont des pays que j'aime, monsieur. Les livres aussi, ce sont des corps. Je les explore avec passion. J'aime le pays d'Epicure et celui de Saint-Exupéry. Je suis fasciné par l'entête-ment de certains paradoxes. La posture-imposture de certains philosophes de ce début de siècle me séduit et me rebute à la fois. Je choisis, comme je peux, mes plaisirs et mes lieux de plaisir de la vie, sans théorie à rebrousse-poil. Est-ce le bonheur qui me court après ou le contraire, monsieur ?

...partition de sel corsée, pour Renaud Saé...

En mémoire de Max Saé, le fils de mon ami saxophoniste martiniquais, décédé le jour de ma première prestation avec son père – Renaud Saé, laquelle prestation n'a pas eu lieu... Et la musique de l'amitié se joue encore, en continu, sur des airs multiples, tantôt tristes tantôt joyeux...

...tes notes pour décrypter le cœur, à portée haute d'un beau saxo, conviant dieu à la tentation de contempler mains et lèvres de l'homme au bec et aux trous du cuivre, causes et conséquences des lignes de fuite d'une harmonie lyrique et sans suite au profit de la jouissance tolérable d'un quelconque archange... parce que le bonheur, vois-tu, provoqué par jeux de doigts et coups de lèvres tonnantes, se répand au sol, ici, pour qui veut s'étendre dans la respiration du corps d'un chant non nourri par le père, ni le fils, ni le saint-esprit... mais un chant tout simplement nu, juste un chant de père éprouvé, pour l'esprit du fils envolé, un chant qui console les cordes d'une guitare tordant les reins de la mer qui te ramène parfois sa mélancolie à fleur de sel en délire, pour aiguiser la mélodie vibrante qui rend l'étranglement de ton affection à sa joie première... or il n'est point signe plus sensible et obscur et radieux que le sourire de l'artiste au décès du morceau le plus beau, au point de naissance nouant le cœur à cœur mystérieux du musicien et du poète... musique et poésie, un accord défini déjà par surplus d'infini, quand revient la romance du silence et nos rires pagailleurs, à intimider esprits étourdis et mauvais souvenirs... quand revient encore le souffle du beau saxo, coincé dans son angoisse lente et longue, inapaisée, et que tout autre souffle n'est que pipo face aux gammes de ce saxo, beau, qui se masturbe un max, au flanc du ciel... amène ton âme à moi calmement, te dit la mer, quand ce ciel t'attriste un peu trop... et que reviennent plaintes et complaintes sous-marines sur quelques accords de guitare, quelques parlers baignés de rhum, quelques accolades amicales, pour ricaner au nez de l'enfer... oublier aussi que la mer n'est pas toujours là pour nous agiter le cœur... recommencer la vie... escalader nos voix, de gravité en gravité... puis plonger, pour remonter les vagues... ah ! que divaguent les vagues au creux de la vie... puis la terre, puis la mer, encore la mer, et la vie... et te voici ! dans toute ta mesure, jouant la rouille des clefs par tous les temps : averti de vivre, en sol solaire...

Je t'attendrai

Je t'attendrai au flanc du silence
moi
seul rêveur dans la ville
et son plat de fractures
agressivité verte des murs

je t'attendrai rêvant
les yeux éparpillés
dans le précipice de la ville
mes pieds poussant mes pas
vers l'incertitude
dissipée dans le vent

le cœur en sacoches
la mémoire confuse
par tous les bouts du silence
les glouglous du troupeau
la causerie des ordures
et le bavardage du bétail
dans des fastes de ferrailles

je t'attendrai avec flot de vocables brisés
et bien d'autres égarés
au détour d'une pensée
faute de cycle de mémoire sans fosses

je t'attendrai
vivant
mon sang vibrant en sa source
au concept de ta jupe

                                                       je t'attendrai
                                                            confiant
                                      coupé de l'idée du bonheur
                                          qu'ils mettront en pâture
                        traînant derrière moi une longue histoire
                                            à l'arôme de rhum

                                      l'ivresse de deux mains
                                              hors cadre
                                     des fables publicitaires
                                        à l'heure du Zénith

                                                           je t'attendrai…

Poèmes bilingues
—— *Patrick Sylvain*

Patrick Sylvain est diplômé de Harvard University Graduate School. Poète, professeur de langue à Brown University, il a publié chez Mémoire d'encrier en 2005 le recueil bilingue Love, Lust & Loss/Lanmou, anvi, pèdans.

Planting

Democratic seeds
Cannot sprout on shifting soil
And blood flowering.

                                            Plante

                                Grenn demokrasi
                        Pa ka pouse sou tè dyòk
                              Ak plant san bade.

Knowledge

Knowledge is guarded
Behind wattle fences where
Plastered peasants huts
Formed Damocles' shield
And sacred rituals back-bone.

Konesans

Konesans doubout
Dèyè lantouraj kote
Kay pay peyizan
Fòme bwòkèt Damoklès
Ak rityèl sakre manbre.

Language

Language is a pond
With paddling creatures that seek
To connect distant
Shores through riddles of symbols,
Sounds and images that thrill.

Langaj

Langaj se yon sous
Ak kreyati fouyadò
Ki vle ratresi distans
Rivaj atravè senbòl,
Son ak imaj bandaye.

Là-bas aussi
─── *Anas Atakora*

Anas ATAKORA est né le 07 Juillet 1986 au Togo. Titulaire d'une maîtrise ès lettres obtenue à l'Université de Lomé, il est actuellement professeur de français au lycée. Lauréat en 2008 du concours « Plumes émergentes » organisé par l'Université de Lomé pour Blaise, le musulman. *Auteur de deux recueils de poèmes* Partir pour les mots *(2012) et* Monts et rêves *(2013) publiés aux éditions Awoudy (Lomé).*

Là-bas aussi

L'appareil derrière a laissé ma terre
Dans ses rêves poussiéreux
Seul
Je garde
Un regard
Qui caresse anxieusement
Le hublot
Je passe du pays mien au voisin pays
Bienvenue
Brakina Energie
Libations
Baptême de soleil de feu
Cérémonie d'ouverture
De l'arrivée du poète
Inconnu
Venu palper le pouls rouge
De l'atmosphère nationale d'une terre intègre
D'une Terre
Qui bout qui bouge
Qui chante la patrie ou la mort
M'entraine le rythme
Je marche re-marche
Poète demandeur d'espérances
Poète chercheur de futurs
De liquide actif
Pour tremper sa plume ses diplômes
Chômeur venu frapper

À la porte de Thomas Sankara
J'ai marché voyagé
De Marien N'Gouabi à Fada N'Gourma
Et quand j'ai refoulé la terre du pays mien
M'est restée tenace
La voix de l'ami
L'ami au loin avec ses vers :
Vous pouvez
Vous devez
Le faire
Là-bas aussi !

Dilemme
—— *Indran Amirthanayagam*

Indran Amirthanayagam est poète et diplomate. Il écrit en anglais, espagnol, français, portugais et créole. Auteur entre autres de The Splintered Face : Tsunami poems *(2008),* Ceylon R.I.P. *(2001),* La pelota del pulpo *(2012),* Uncivil War *(2013), il a publié chez LEGS ÉDITION* Aller-retour au bord de la mer, *son premier recueil de poèmes en français.*

Dilemme

J'écris pour raisons de force majeure.
Comme n'importe quel homme, j'ai besoin

d'un baiser, d'un logement, de la nourriture.
Je suis migrant mais je ne veux pas demander

Trop. Qu'est-ce qui est trop ? Être seul ? Hors de mon
île d'enfance ? Souffrir de la maladie d'être

en vie en sachant qu'un jour, demain,
je serai mort, une mémoire quelque part,

partie du mouvement de la disparition;
et devant cette certitude pourquoi se battre,

rompre des relations d'amour, d'amitié ?
Pourquoi vouloir être seul et partager

la solitude avec le monde

Poète exilé
── *Marie Alice Théard*

Marie Alice Théard, poétesse et historienne de l'art, est née à Port-au-Prince. Membre de l'Association Internationale des Critiques d'Art (AICA), Prix de l'éditeur de la International Artist & Writers Association (IWA) en 1999, elle dirige depuis 1983 la galerie Festival Arts. Présence féminine dans l'art haïtien (2014) *son dernier livre, présente le travail de plus de 70 peintres haïtiennes.*

Poète exilé

Venant de l'île de haute culture, la terre mère, ton cordon ombilical sommeille sous l'arbre reposoir des tisseurs d'histoires
Même quand la primauté de ton imaginaire perd ses droits à sublimer la réalité, croassent les grenouilles, chantent les lézards, tu évoques les contes d'antan.
Tu rimes la phrase pour colmater les failles des jours comptant l'absence dont la malfaisance est sous l'obédience du malheur
Toi qui n'avais peur de rien, plein d'appréhension, tu longes le sifflement de l'air de la berceuse des temps douloureux que l'on ne peut renverser
Fétu de paille sans amarre sur la houle du grand large
Martyr de la flagellation, des anathèmes et des humiliations
 Tu rampes le long des précipices bordant les rivages parcourus d'ombres courbées
Et prisonnières de la spirale infernale de la marche des astres ne renvoyant plus de signal aux fréquences du bonheur.
Ton corps en veine de séduction, navigue sur l'horloge folle de la brillance des souvenirs où tu as bu aux fûts de toutes les ivresses.
La sueur chute sur ta peau jusqu'à revisiter les superstitions et les sortilèges de fin de jour de ton pays de montagnes
Se réveille en toi la soif inextinguible de mille inconnus
Mais la main que tu cherches à conquérir, t'a affranchi des exultations de l'être

Pour un tourbillon inénarrable d'attentes stériles et d'attraits sacrilèges
L'esquisse de tes harmonies et la fulgurance de tes envies avortent dans l'incandescence charnelle des amours courtes.

II

Le terrain de tes combats tourne en dérision tes délires créateurs
En t'imposant l'insupportable imposture des passions bâtardes
Il n'y a pas d'audition pour ce genre de représentation
Tu voyages sur des mots indignes de salvation
Scandant la disharmonie des gargouillements de la folie et de ses tourments.
Artiste du bonheur tu cours après tes repères identitaires
Quand ta littérature tourne le dos à Minerve.
Végétant sous un ciel hivernal, tes cris d'alarme lancés depuis l'ailleurs ne suscitent nul écho de ta terre nourricière.
 L'exil a englouti tes paris de jeunesse dans le gargouillement des compromis
 Ton chant traversé par la mort n'est que le cri muet d'un sacrifié de plus.
Du paradis, tu es banni

Je t'aime mais je pars
―― *Méleck Jean Baptiste*

Méleck Jean Baptiste a fait des études de Sciences politiques et de communication à l'Université d'État d'Haïti. Fonctionnaire de l'administration publique, poète, il a déjà publié Autopsie des cœurs *(Éditions des Vagues) et* La révolte des tentes *(Édilivre).*

Je t'aime mais je pars

si par ton regard
tu vois l'oiseau migrateur
égarant dans le firmament
c'est bien moi

Ne doute pas que je souffre cruellement de ton corps
de tes yeux
et de tout ton être

Je m'en vais sans caravane ni caravelle
Je peux continuer à t'aimer et à tout penser de toi
Je t'aime d'un autre amour que tu ne comprendras jamais

L'amour récompense toujours l'absence azurée
On te verra toujours dans mes poèmes
Comme une note en pieds de mots

Ne doute pas que je souffre cruellement de ton corps
de tes yeux
et de tout ton être

Âme veuve prie corps orphelin
Panoplie de cœurs qui saignent

Boulevard boulimique de ta bouche
Ah bon, laisse-moi vivre en amoureux défunt

Ne doute pas que je souffre cruellement de ton corps
de tes yeux
et de tout ton être

Cinquième partie

Regards

181 **Yanick Lahens ou les racines de l'écriture de la conscience.**
Par Websder Corneille

183 Prix, distinctions et événements

Yanick Lahens ou les racines de l'écriture de la conscience

L'histoire retiendra assurément que Yanick Lahens a été un être humain sensible, attachant et sympathique à la restructuration du monde. Elle s'est dévouée à cor et à cri à la recherche auprès des autres, particulièrement dans le milieu social et culturel d'Haïti, d'une manière d'exister qui tient compte de la noble revendication des oubliés de la société, ceux qu'élégamment mais sans gêne la vie appelle les « damnés ».

Fortement engagé, son travail ouvre toujours sur la singulière histoire de ce pays des Caraïbes « où la Négritude s'est mise debout pour la première fois » (Césaire). Si dans *Tante Résia et les Dieux, nouvelles d'Haïti*, recueil remontant aux racines historiques de la lutte pour la prise du pouvoir dans le pays, l'auteure prend parti pour les familles généreuses qui auraient caché tous ceux que le pouvoir pourchassait allégrement à l'époque, dans *Bain de lune*, roman couronné par le prix Femina en 2014, on admirera la leçon de courage que nous donnent chaque jour les paysans, ceux-là qui constituent honteusement le « pays en dehors ».

Déjà en 1999 dans le recueil de nouvelles *La petite corruption*, réédité par LEGS ÉDITION en 2014, l'auteure se mettait sensiblement à l'écoute d'une jeune fille malchanceuse pour expliquer l'inutilité du désastre qui sévit chez nous, ce qu'elle qualifie de « désastre banal ». Nous qui rêvons à chaque minute d'un soleil neuf, proche de celui de nos ancêtres, pour cette Haïti qui prend la forme d'une cité des utopies. Rappelons que ce recueil a hébergé en deuxième place le titre d'une nouvelle dénommée

Bain de lune, qui, un quart de siècle plus tard, deviendra le roman à succès qu'on connaît aujourd'hui.

À la fin de l'année 2014, comme c'était le cas de Dany Laferrière en 2009 pour le prix Médicis, Yanick Lahens est devenue la « rose des vents » de la littérature haïtienne. Sur toutes les lèvres, ce nom est prononcé avec aisance, contentement, regain de fierté, et surtout dans un ressenti particulier qui fait obstacle à l'idée de pauvreté éternelle collée à la peau de ce pays. En tant que peuple, bien sûr, certaines conditions existentielles nous empêchent de nous relever à la hauteur du défi économique, mais reconnaissons chez nous la lutte perpétuelle pour l'édification de certaines *conditions intellectuelles* ; ce qui nous éviteraient peut-être de sombrer dans la dépression. Effet étrange, après l'indépendance en janvier 1804, ce sont presque toujours les auteurs –toutes catégories confondues– qui contribuent à notre rayonnement sur l'échiquier mondial.

Ici, on ne se borne pas à la célébration rituelle de quelqu'un. On a pris le texte comme un témoin pour aborder à la surface quelques éléments constitutifs qui servent de détonateurs à chaque cas chez l'écrivaine. Aussi parce que ses écrits ont-ils fait émerger l'exigence de se défaire de la platitude, du déjà-lu auquel certains se donnent à fond dans le champ de la production intellectuelle, particulièrement littéraire haïtienne. Toujours est-il important de souligner que la démarche de Yanick Lahens ne se révèle pas tout simplement d'une expression individuelle, une posture absolue, de préférence, s'est définie par rapport à l'engagement de l'auteure dans la vie culturelle de son pays, son enracinement à la recherche d'un mieux-être certain.

Websder CORNEILLE

Prix, distinctions et événements

Yanick LAHENS, prix Femina 2014

La romancière et nouvelliste haïtienne, Yanick LAHENS, s'est vu décerné le prix Femina 2014 pour son roman *Bain de lune* paru aux éditions Sabine Wespieser en France. Un roman d'une rare beauté sur la vie des familles de la paysannerie haïtienne. Rappelons que Yanick Lahens est l'une des plus grandes voix de l'écriture féminine haïtienne. Au début de l'année, elle avait remporté tour à tour le 25ème prix Adelf et le prix Carbet des Lycéens pour son roman *Guillaume et Nathalie* (2013).

Joël Des ROSIERS, prix MLA 2014

L'écrivain et essayiste canadien d'origine haïtienne, Joël Des ROSIERS, a reçu le prix Modern Language Association (MLA) pour son livre intitulé *Métaspora. Essai sur les patries intimes* paru en 2013 aux éditions Tryptique. Ce prix est fondé en 1883 et compte 30 000 membres répartis en 100 pays. Ce qui fait la MLA est l'une des grandes associations de recherche dans le monde. C'est la première fois que ce prix, décerné d'habitude à des ouvrages écrits en anglais, a été attribué à un livre en langue française. .

« Écrit dans une langue magnifique, *Métaspora* est l'invention d'un concept utile et complémentaire aux études sur la diaspora. Il propose des intuitions visionnaires sur la littérature de la Caraïbe et l'histoire souvent traumatique d'Haïti », a précisé le jury du MLA.

Rhoddy ATTILUS, prix Deschamps 2014

Le prix littéraire Henri Deschamps a été décerné cette année au Capois Rhoddy ATTILUS pour son roman créole titré *Kèkèt ak Janmari*. Sur les 56 manuscrits reçus cette année, seulement cinq

Prix, distinctions et événements

d'entre eux ont été retenus pour la finale, dont *Requiem naïf pour Honorine* de Rousseau Blaise qui a eu une mention spéciale du jury.

Foire internationale du livre d'Haïti (FILHA) | 2ème édition

La deuxième édition de la Foire internationale du livre d'Haïti (FILHA), organisée sous le haut patronage de la Direction nationale du livre (DNL) s'est déroulée du 12 au 14 décembre 2014 au Palais municipal de Delmas. L'invité d'honneur était Michel Soukar et le pays à l'honneur, Cuba.

HSA, 26ème Conférence annuelle

La 26e conférence annuelle de l'Association des études haïtiennes (Haitian studies association, HSA en anglais) s'est déroulée du 6 au 8 novembre 2014 à l'Université Notre-Dame dans l'Indiana aux États-Unis d'Amérique autour du thème « Migrations, Frontières Traversées, Marche vers l'avant ». Espace d'échanges et de vulgarisation du savoir, l'Association est basée à l'Université du Massachusetts à Boston et regroupe des chercheurs de diverses disciplines scientifiques dont les recherches sont axées principalement sur Haïti.

Sixième partie

Repères des écrivains de la littérature haïtienne de la diaspora

Recensement sélectif d'œuvres d'écrivains haïtiens de la diaspora[1]

---

1. Ce travail est réalisé par Dieulermesson Petit Frère et Mirline Pierre suite à des recherches effectuées dans des bibliothèques personnelles et publiques ainsi qu'en ligne. Nous sommes très reconnaissants envers Thomas Spears, créateur du site île en île (http://www.lehman.cu-ny.edu/ile.en.ile/haiti/paroles.html) qui rassemble des données importantes sur la littérature haïtienne, sans oublier la Bibliothèque nationale d'Haïti (BNH), la Bibliothèque nationale de France (BNF) et la Bibliothèque de l'École Normale Supérieure (BENS) de Port-au-Prince qui nous ont été très utiles (Ndlr).

Marie Célie Agnant

- *La Dot de Sara* (roman), Remue-ménage, 1995.
- *Le Livre d'Emma* (roman), éd. du Remue-ménage / éd. Mémoire, 2001.
- *Un Alligator nommé Rosa* (roman), éd. du Remue-ménage, 2007.
- *Le Silence comme le sang* (nouvelles), éd. du Remue-ménage, 1997.
- *Balafres*, CIDIHCA, 1994 ;
- *Et puis parfois quelquefois...* (Poésie), Mémoire d'encrier, 2009.
- *Alexis d'Haïti*, Hurtubise HMH, 1999 ;
- *Le Noël de Maïté*, HMH, 1999.

Gérald Alexis

- *Pour que vive la ligne, Tebo, une œuvre picturale*, éd. Henri Deschamps, 1995.
- *Peintres haïtiens*. Paris, éd. du cercle d'art, 2000.

Georges Anglade

- *L'espace haïtien*, (essai), Presses de l'Université du Québec, 1974.
- *Mon pays d'Haïti,* (essai), Presses de l'Université du Québec, 1977.
- *Espace et liberté en Haïti*, (essai), Centre de recherches Caraïbes, Université de Montréal, 1982.
- *Atlas critique d'Haïti*, (essai), Centre de recherches Caraïbes, Université de Montréal, 1982.
- *Cartes sur table*, en trois volumes, (essai), éd. Henri Deschamps, 1990.
- *Les Blancs de Mémoire* (récit),éd. Boréal, 1999.
- *Leurs jupons dépassent* (récit),éd. CIDIHCA, 2000.
- *Ce pays qui m'habite,* (récit), éd. Lanctôt, 2002.
- *Et si Haiti declarait la guerre aux USA ?*, (récit), éd. Écosociété, 2004.
- *Rire haïtien / Haitian Laughter*, (récit), Trad. Anne Pease, Educa Vision, 2006.
- *Le dernier codicille de Jacques Stephen Alexis*, (essai),éd. Plume & encre, 2007.
- *Chronique d'une espérance; L'Hebdo de Georges Anglade (2007-2008)*, (essai), L'Imprimeur II, 2008.

Yves Antoine

- *La veillée*, 1964
- *Témoin oculaire*, 1970
- *Au gré des heures*, éd. Presses nationales d'Haïti, 1972.
- *Les sabots de la nuit.* 1974.
- *Alliage : poésie et prose.* Dessins par Emmanuel Pierre Charles, éd.Naaman, 1979.
- *Libations pour le soleil : poésie et prose.* Dessins par Jacques-Enguerrand Gourgue, éd. Naaman, 1985.
- *Sémiologie et personnage romanesque chez Jacques Stéphen Alexis*, 1994.
- *Polyphonie : poésie, précédée de Jeu de miroirs*, éd. Vermillon, 1996.
- *Inventeurs et savants noirs*, éd. Harmattan, 1998.
- *La mémoire à fleur de peau* : poésie,Éd. David, 2002.
- *Inventeurs et savants noirs*, éd. Harmattan, 2004.

Marlène Rigaud Appolon

- *Cris de Colère* (Poésie), éd. du Cidihca. Montréal, 1992 ;
- *Chants d'espoir* (Poésie), éd. du Cidihca Montréal, 1992.
- *I Want to Dance. Baltimore* (Maryland): American Literary Press, 1996.
- *Si je n'avais que des regrets.* Paris: St Germain-des-Prés, 1997.
- *The Moon's a Banana, I am me. Baltimore:* Marlène Rigaud Apollon, 1998.

Faubert Bolivar

- *Mémoire des maisons closes* (poésie), éd. Bas de Page, 2013.
- *La Flambeau* (théâtre), éd. Henri Deschamps, 2014.
- *Lettre à tu et à toi suivi de Sainte Dérivée des trottoirs*, éd. Anibwe, 2014.

Mimi Barthélemy

- *La Création de l'île de la Tortue* (conte), Ibis rouge, 2006.
- *Cours de grimpette* (conte), Syros, 2009.

- *Dis-moi des chansons d'Haïti* (conte), Kanjil, 2007).
- *Haïti la perle nue* (conte), 1999, rééditions Vents d'ailleurs, 2010.
- *Contes d'Haïti* (conte), Milan, 2011.

Jacqueline Beaugé

- *Climats en marche* (poésie), Imp. des Antilles, 1962.
- *À Vol d'ombre* (poésie), Imp. Serge Caston, 1966.
- *Les Cahiers de la mouette*, poèmes, suivis de « Tranché pour toi » et « Leïla, ou, La déracinée », (nouvelles), éd. Naaman, 1983.
- *D'Or vif et de pain* (poésie), Éd. Louis Riel, 1992.
- *Les Yeux de l'anse du Clair*, (roman), éd. Albion Press, 2001.

Franz Benjamin

- *Valkanday* (poésie), éd. Paroles, 2000.
- *Chants de mémoire* (poésie), éd. Paroles, 2003.
- *Dits d'errance* (poésie), éd. Mémoire d'encrier, 2004.
- *Vingt-quatre heures dans la vie d'une nuit* (poésie), éd. Mémoire d'encrier, 2010.

Robert Berrouet-Oriol

- *Lettres urbaines: poèmes; suivi de Le dire-à-soi (du rapport à la langue)*. Montréal: Triptyque, 1986.
- *Thòraya, d'encre le champ* (poésie), éd. CIDIHCA, 2005.
- *En haute rumeur des siècles*, éd. Tryptique, 2010.
- *Poème du décours* (poésie), éd. Tryptique, 2010.
- *Découdre le désastre suivi de L'île anaphore*(poésie), éd. Triptyque, 2013.
- *L'aménagement linguistique en Haïti : enjeux défis et propositions* (essai), éd. CIDIHCA/ Université d'État d'Haïti, 2011.

Gérald Bloncourt

- *Poèmes sahariens* (Poésie), éd. La Machette, 1976.

- *J'ai rompu le silence* (Poésie), éd. La Machette, 1986.
- *La Peinture haïtienne* (essai), éd. Nathan, 1986; 1989.
- *Retour d'exil* (Poésie), éd. La Machette, 1986.
- *Cric crac* (récit), éd. Henri Deschamps, 1990.
- *Yeto, le palmier des neiges*(récit), éd. Henri Deschamps, 1991; éd. Arcantère, 1991.
- *J'ai coupé la gorge au temps* (Poésie), éd. La Machette, 2000.
- *Le Regard engagé, parcours d'un franc-tireur de l'image* (récit),éd. Bourin, 2004.
- *Messagers de la tempête, André Breton et la Révolution de Janvier 1946 en Haïti* (essai) éd. Le Temps des Cerises, 2007.
- *Dialogue au bout des vagues* (Poésie), éd. La Machette, éd. Mémoire d'encrier, 2008.
- *Journal d'un révolutionnaire* (récit), éd. Mémoire d'encrier, 2013.

Jean-Marie Bourjolly

- Dernier appel, éd. du CIDIHCA, 2004.

Jeanie Bogart

- *Dènye Rèl*, (CD), éd. Encre de Chine, 2007.
- *Un jour... Tes pantoufles* (poésie), éd.Paroles, 2008.
- *Chimen Souvni'm, Je Dis Culture/* Gold Choice Production, 2008Paradoxe (poésie), éd. Dédicace, 2011.

Maurice Cadet

- *Haute dissidence* (poésie), éd. Écrits des Forges, 1991
- *Itinéraires d'un enchantement* (poésie), éd. Écrits des forges, 1992.

Jean Claude Charles

- *Négociations* (poésie), P. J. Oswald, 1972.
- *Sainte dérive des cochons* (roman), Nouvelle Optique, 1977.
- *Bamboola Bamboche* (roman), Barrault, 1984; Presses Nationales d'Haïti, 2007.

- *Manhattan Blues* (roman), Barrault, 1985.
- *Ferdinand je suis à Paris* (roman), Barrault, 1987.
- *Le Corps noir* (essai), Hachette / P.O.L., 1980.
- *De si jolies petites plages* (essai), Stock, 1982.
- *Quelle fiction faire ? Que faire ? ; notes sur la question littéraire haïtienne* (essai), Mémoire, 1999.

Jean Watson Charles

- *Pour que la terre s'en souvienne* (poésie), éd. Bas de Page, 2010.
- *Lenglensou*, éd..Perle des Antilles, 2012.
- Plus loin qu'ailleurs, éd..Ruptures, 2013

Raymond Chassagne

- *Les contradictions dans l'œuvre d'Aimé Césaire* (essai), McGill University, 1973) 1974.
- *Mots de passe* (poésie), Naaman, 1976.
- « Singularité et rupture idéologique dans l'oeuvre d'Edouard Glissant » (essai), Université de Montréal), 1979.
- *Incantatoire* (poésie), Regain, 1996.
- *Le gré de force: (manifeste solitaire)* (essai), 1998; Reed, 1999.
- *Petit manuel du citoyen / Yon ti liv pou tout sitwayen (bilingue), livre didactique vers la formation citoyenne* (essai), Raymond Chassagne et Fonds des Droits Humains (Fon Dwa Moun), 1999.
- *Carnet de bord* (poésie), Mémoire d'encrier, 2004.
- *Éloge du paladin*(poésie), Mémoire d'encrier, 2012.

Louis Philippe Dalembert

- *Le Crayon du bon Dieu n'a pas de gomme* (roman), Stock, 1996; Le Serpent à Plumes , 2004; Presses Nationales d'Haïti, 2006.
- *L'Autre face de la mer* (roman), Stock 1998; Le Serpent à Plumes, 2005; Port-au-Prince: Presses Nationales d'Haïti, 2007.
- *L'Île du bout des rêves*. Paris: Bibliophane/Daniel Radford, 2003.
- *Rue du Faubourg Saint-Denis*. Monaco: Du Rocher, 2005.

- *Les dieux voyagent la nuit.* Monaco: Du Rocher, 2006; Presses Nationales d'Haïti, 2010.
- *Epi oun jou konsa tèt Pastè Bab pati* (roman), Presses Nationales d'Haïti, 2008.
- *Noires blessures* (roman), Mercure, 2011; Ami-Livre, 2012.
- *Ballade d'un amour inachevé.* Paris: Mercure, 2013; Port-au-Prince: C3 Éditions, 2014.
- *Vodou ! Un tambour pour les anges* (récit), Autrement, 2003.
- *Le roman de Cuba.* Paris: Du Rocher, 2009.
- *Le Songe d'une photo d'enfance* (nouvelles), Le Serpent à Plumes, 1993/ 2005.
- *Histoires d'amour impossibles... ou presque* (nouvelles), Le Rocher, 2007.
- *Les bas-fonds de la mémoire* (nouvelles), Société du Rhum Barbancourt, 2012

Edwidge Danticat

- *Krik? Krak!* (nouvelles), Soho Press, 1995; Vintage Books, 1996; Pocket, 1998
- *The Farming of Bones*, Soho Press, 1998; Penguin, 1999.
- *Breath, Eyes, Memory*, Soho Press, 1994; Vintage Books, 1995. La récolte douce des larmes (roman), trad. de Jacques Chabert, Grasset & Fasquelle, 1999 ; Presses nationales d'Haïti, 2011.
- *The Beacon Best of 2000: Great Writing by Women and Men of All Colors and Cultures* (Anthologie), Edited by Edwidge Danticat, Beacon Press, 2000.
- *The Butterfly's Way: Voices from the Haitian Dyaspora in the United States* (Anthologie), Edited with an introduction by Edwidge Danticat, Soho Press, 2001.
- *After the Dance: a Walk through Carnival in Jacmel,* Crown, 2002. Après la danse: Au cœur du carnaval de Jacmel, Haïti, (nouvelles), trad. de Jacques Chabert, Grasset & Fasquelle, 2004 ; Presses nationales d'Haïti, 2011.
- *The Dew Breaker*, Knopf, 2004. Le briseur de rosée, trad. de Jacques Chabert, Grasset & Fasquelle, 2005.

- *Brother, I'm Dying*, Knopf, 2007. Adieu mon frère, trad. de Jacques Chabert, Grasset &Fasquelle, 2008 ; Presses nationales d'Haïti, 2011.
- *Célimène, Conte de fée pour fille d'immigrante* (conte), trad. français par Stanley Péan, Mémoire d'encrier, 2009.
- *Create Dangerously: The Immigrant Artist at Work* (essai), Princeton University Press, 2010 ; Créer dangereusement, trad. de Florianne Vidal, Grasset & Fasquelle, 2012.
- *Haiti Noir* (Anthologie), Edited by Edwidge Danticat, Akashic Books, 2011.
- *Claire of the Sea* Light, Knopf, 2013.

Claude Dauphin

- *Histoire du style musical d'Haïti* (essai), Mémoire d'encrier, 2014.

Villard Denis, (Davertige)

- *Idem* (poésie), Impr. Théodore, 1962.
- *Idem et autres poèmes* (poésie), Seghers, 1964.
- *Idem* (poésie), Nouvelle Optique, 1982.
- *Anthologie secrète* (poésie), Mémoire d'encrier, 2003.

René Depestre

- *Étincelles* (poésie), Impr. de l'État, 1945.
- *Gerbe de sang* (poésie), Impr. de l'État, 1946.
- *Végétation de clartés* (poésie), Seghers, 1951.
- *Traduit du grand large* (poésie), Seghers, 1952.
- *Minerai noir* (poésie), Présence Africaine, 1956.
- *Journal d'un animal marin* (poésie), Seghers, 1964 ; Gallimard, 1990.
- *Un Arc-en-ciel pour l'Occident chrétien*(poésie), Présence Africaine, 1967.
- *Cantate d'octobre* (poésie), La Havane: Institut du Livre; Alger: SNED, 1968.
- *Pour la révolution pour la poésie* (essai), Leméac, 1974
- *Poète à Cuba* (poésie), Oswald, 1976.
- *Le Mât de Cocagne* (roman), Gallimard, 1979; folio, 1998.

- *En état de poésie* (poésie), Éditeurs Français Réunis, 1980.
- *Bonjour et adieu à la négritude* (essai), Laffont, 1980, 1989.
- *Alléluia pour une femme-jardin* (nouvelles), Gallimard, 1981; folio, 1986, 1990.
- *Hadriana dans tous mes rêves* (roman), Gallimard, 1988; folio 1990.
- *Éros dans un train chinois* (nouvelles), Gallimard, 1990; folio, 1993.
- *Au matin de la négritude* (poésie),Euro éditeur, 1990.
- *Anthologie personnelle* (poésie), Actes Sud, 1993.
- *Le Métier à métisser* (essai), Stock, 1998.
- *Ainsi parle le fleuve noir* (essai), Paroles d'Aube, 1998.
- *Comment appeler ma solitude* (essai), Stock, 1999.
- *Encore une mer à traverser*, La Table Ronde, 2005.
- *Non-assistance à poètes en danger* (poésie), Seghers, 2005.
- *Étincelles suivi de Gerbes de sang* (poésie), Presses Nationales d'Haïti, 2006.
- *L'œillet ensorcelé et autres nouvelles* (nouvelles), Gallimard, 2006.
- *Rage de vivre: œuvres poétiques complètes* (poésie), Seghers, 2007, 528 p.

Jenner Desroches

- *Prolégomènes à une littérature haïtienne en diaspora*, tome I (essai), éd. du CIDIHCA, 2000.
- *Prolégomènes à une littérature haïtienne de la diaspora*, tome II (essai), éd. Plume et Encre, 2006.

Lisla Desquiron

- *Les chemins de Loco-Miroir* (roman), Stock, 1990 ; Regain / Mémoire / CIDIHCA, 1999.
- *Les racines du voudou* (essai), éd. Henri Deschamps, 1990

Jean Durosiers Desrivières

- *Bouts de ville à vendre, Poésie d'urgence* (Poésie) éd. Caractères, 2010.
- *Lang nou souse nan sous /Notre langue se ressource aux sources* (Poésie), éd. Caractères, 2011.

- *Vis-à-vis de mes envers suivi de Le poème de Grenoble* (Poésie), éd. Le Teneur, 2013.

Joel Des Rosiers

- *Métropolis Opéra* (Poésie), Triptyque, 1987.
- *Tribu* (Poésie), Triptyque, 1990.
- *Savanes* (Poésie), Triptyque, 1993.
- *Théories caraïbes: poétique du déracinement* (essai), Triptyque, 1996; 2009.
- *Vétiver* (Poésie), Triptyque, 1999.
- *Caïques* (Poésie), Triptyque, 2007.
- *Lettres à l'indigène* (Poésie), Triptyque, 2009.
- *Gaïac* (Poésie), Triptyque, 2010.
- *Métaspora: essai sur les patries intimes* (essai), Triptyque, 2013.
- *Un autre soleil* (nouvelles) avec Patricia Léry, éd. Plume & Encre, 2006; Triptyque, 2007.

Myrthelle Devilmé

- *Détour par first avenue* (roman), Mémoire d'encrier, 2012

Jan J. Dominique

- *Mémoire d'une amnésique* (roman), Deschamps, 1984; CIDIHCA/Remue-ménage, 2004.
- *Évasion* (nouvelles), éd. des Antilles, 1996; CIDIHCA, 2005.
- *Inventer... La Célestine* (roman), éd. des Antilles, 2000 ; Remue-ménage, 2007.
- *Mémoire errante* (roman), Remue-ménage/Mémoire d'encrier, 2008.

Emmanuel Eugène

- *Ekziltik*, (poésie), Sosyete Koukouy, 1988.
- *Vwa Zandò / La voix des mystères*, Mémoire d'encrier, 2007.

Gérard Étienne

- *Au milieu des larmes* (poésie), Togiram Press, 1960.
- *Plus large qu'un rêve* (poésie), éd. Dorsainvil, 1960.
- *La Raison et mon amour* (poésie), Les Presses Port-au-princiennes, 1961.
- *Essai sur la négritude* (essai), éd. Éditions Panorama, 1962.
- *Gladys* (poésie), éd. Panorama, 1963.
- *Le Nationalisme dans la littérature haïtienne*. Éditions Lycée Pétionville (essai), 1964.
- *Lettre à Montréal* (poésie), éd. L'Estérel, 1966.
- *Dialogue avec mon ombre* (poésie), éd. francophones du Canada, 1972.
- *Le Nègre crucifié* (roman), éd. Francophone/Nouvelle Optique, 1974; Metropolis, 1990; Balzac, 1994; Presses Nationales d'Haïti, 2007; éd. du Marais, 2008.
- *Un Ambassadeur macoute à Montréal* (roman), Nouvelle Optique, 1979.
- *Cri pour ne pas crever de honte* (poésie), Nouvelle Optique, 1982.
- *Une Femme muette* (roman), Nouvelle Optique/Silex, 1983.
- *La Reine Soleil Levée* (roman), éd. Guérin-Littérature, 1987; Metropolis, 1989.
- *La Pacotille* (roman), l'Hexagone, 1991.
- *La Charte des crépuscules*, Oeuvres poétiques (1960-1980), (poésie), éd. d'Acadie, 1993.
- *La Question raciale et raciste dans le roman québécois* (essai d'anthroposémiologie et sémiotique appliquée), éd. Balzac, 1995.
- *La Femme noire dans le discours littéraire haïtien*, éléments d'anthroposémiologie (avec François Soeler) (essai), éd. Balzac/Le Griot, 1998; éd. du Marais, 2008.
- *L'Injustice, la désinformation, le mépris de la loi* (essai), Humanitas, 1998.
- *Le Bacoulou* (roman), Métropolis, 1998.
- *La romance en do mineur de Maître-Clo* (roman), Balzac, 2000;
- *Au coeur de l'anoréxie* (roman), CIDIHCA, 2002.
- *Au Bord de la falaise* (roman), CIDIHCA, 2004.
- *Vous n'êtes pas seul* (roman), Balzac, 2001; éd. du Marais, 2007.
- *Hervé Lebreton et la poétique de la femme* (essai), ÉducaVision, 2006.
- *Monsieur le président* (théâtre), éd. du Marais, 2008.

- *Natania* (poésie), éd. du Marais, 2008.
- *Le créole une langue...* (essai), éd. du Marais, 2009.

Jessica Fièvre

- *Le Feu de la vengeance* (roman), Bibliothèque Nationale d'Haïti, 1997.
- *La Bête* (roman), Bibliothèque Nationale d'Haïti, 1999.
- *Thalassophobie* (roman), Bibliothèque Nationale d'Haïti, 2001.
- *Les Hommes en Rouge*: l'éclipse (roman), Bibliothèque Nationale d'Haïti, 2003.
- *La Bête II: Métamorphose* (roman), L'Imprimeur II, 2005
- *Les Fantasmes de Sophie* (roman), L'Imprimeur II, 2007.
- *Sortilège haïtien* (roman), L'Imprimeur II, 2011.

Jean Florival

- *Duvalier. La face cachée de Papa Doc*, Mémoire d'encrier, 2007.

André Fouad

- *Gerbe d'espérance* (poésie), 1992.
- *En quête de Lumière* (poésie), 1992.
- *Bri lan nwit* (poésie), 2000.
- *Etensèl mo'm yo* (poésie), 2006.
- *Souf douvanjou* (poésie), éd. Bas de page, 2012.
- *Lè pwezi m jwenn van* (poésie), (disque), 2013.

Geneviève Gaillard-Vanté

- *Ombres du temps* (roman), Henri Deschamps, 2001.
- *Parfum de cèdre* (roman), Calliope, 2004.
- *Héros de Bagdad* (conte), Imprimeur II, 2003.

Edgard Gousse

- *Jeux de sang pour une corvée noire* (poésie), Fardin, 1975
- *Antilles-2 : Croisade pour un paradis-nègre* (poésie),Poésies Libres, 1981.
- *Cieux verts pour la diaspora / S.O.S. – diaspora* (poésie), Poésies Libres, 1981.
- *Le monde à la lisière de l'opium* (J. Thimoté) (poésie), Les Éditions du Progrès, 1983.
- *Non à une intervention américaine en Haïti* (essai), Les Éditions du Progrès, 1988.
- *Mémoires du vent* (poésie), Éditions du Noroît, 1993.
- *La torre de las locas / Tres cantos para la América pródiga*, Teichtner, 1996.
- *La sagesse de l'aube* (poésie),Triptyque, 1997.
- *La sabiduria del alba / La sagesse de l'aube* (poésie), Editorial José Marti / Éditions Triptyque, 1997
- *La soledad de la piedra* (poésie), Ediciones Catedral, Santiago de Cuba, 2000
- *Les yeux de la chair* (poésie), Teichtner, 2004.
- *Dans le ventre de la bête / Essai sur l'occupation américaine d'Haïti* (essai), Teichtner, 2004.
- *Le fils du Président,* éd. Monde Global, 2009.
- *Chemins poétiques/Caminos poéticos. Voix nouvelles de Cuba et d'Haïti/Voces nuevas de Cuba y Haiti,* éd. des Trois Amériques, 2014.

Jonassaint Jean

- *La Déchirure du (corps) texte et autres brèches*, éd.Dérives et Nouvelle optique (1984),
- *Le Pouvoir des mots, les maux du pouvoir. Des romanciers haïtiens de l'exil* (essai), Presses universitaires de Montréal, (1986)
- *Des romans de tradition haïtienne : sur un récit tragique* (essai), L'Harmattan/CIDIHCA, 2002.
- *Typo/Topo/Poétique : sur Frankétienne* (essai), L'Harmattan, 2008.

Gary Klang

- *Ex-île* (poésie), éd. de la Vague à l'âme, 1988 ; Humanitas, 2003; Mémoire d'encrier, 2012. Je veux chanter la mer, suivi de Les Fleurs ont la saveur de l'aube(poésie), Humanitas, 1993.
- *Moi natif natal, suivi de Le Temps du vide* (poésie), Humanitas, 1995.
- *La terre est vide comme une étoile* (poésie),Humanitas, 2000.
- *La vraie vie est absente* (poésie), Humanitas, 2002.
- *Il est grand temps de rallumer les étoiles*(poésie), Mémoire d'encrier, 2007.
- *Toute terre est prison* (poésie), Mémoire d'encrier, 2010.
- *Haïti! Haïti!* (avec Anthony Phelps) (roman), Libre Expression, 1985. ; réédité sous le titre : *Le massacre de Jérémie : opération vengeance*, Dialogue Nord-Sud, 2014.
- *L'île aux deux visages*(roman), Humanitas, 1997.
- *L'adolescent qui regardait passer la vie* (roman), Humanitas, 1998.
- *Un homme seul est toujours en mauvaise compagnie* (roman),Mémoire d'encrier, 2005.
- *Monologue pour une scène vide* (roman), Dialogue Nord-Sud, 2013.
- *Kafka m'a dit* (nouvelles), Humanitas, 2004.
- *Les chiens noirs* (nouvelles), Plume & Encre, 2006.
- *La méditation transcendantale* (essai), Stanké, 1976.
- *Je ne veux pas mourir chauve à Montréal* (essai), Humanitas, 1999.

Dany Laferrière

- *Comment faire l'amour avec un nègre sans se fatiguer* (Roman), VLB, 1985; P. Belfond, 1989.
- *Éroshima* (Roman), VLB, 1987; Typo, 1998.
- *L'Odeur du café*. (récit), VLB, 1991; Typo, 1999; Le Serpent à plumes, 2001.
- *Le Goût des jeunes filles*. VLB, 1992, 2004; Grasset, 2005.
- *Cette Grenade dans la main du jeune nègre est-elle une arme ou un fruit ?* (Roman), VLB, 1993; Typo, 2000 ; Serpent à Plumes, 2002 ; VLB, 2002.
- *Chronique de la dérive douce* (Roman), VLB, 1994, Boréal, 2012.

- *Pays sans chapeau* (Roman), Lanctôt, 1996; Serpent à plumes, 1999, 2004.
- *La Chair du maître* (Roman), Lanctôt, 1997; Serpent à plumes, 2000.
- *Le Charme des après-midi sans fin*. (récit),Lanctôt, 1997 ; Serpent à plumes, 1998; Boréal, 2010.
- *Le Cri des oiseaux fous*(Roman), Lanctôt, 2000; Serpent à plumes, 2000; Boréal, 2010.
- *Je suis fatigué* (Roman), Les Librairies Initiales, 2000; Lanctôt, 2001.
- *Vers le sud* (Roman), Grasset, 2006; Boréal, 2006.
- *Je suis un écrivain japonais* (Roman), Grasset, 2008; Boréal, 2008.
- *L'énigme du retour* (Roman), Grasset, 2009; Boréal, 2009.
- *Tout bouge autour de moi* (Roman), Mémoire d'encrier, 2010; Grasset, 2011.
- *L'art presque perdu de ne rien faire.* Boréal, 2011, 2013.
- *Journal d'un écrivain en pyjama.* Mémoire d'encrier, 2013; Grasset, 2013.

Michaëlle Lafontant

- *Brumes de printemps* (poésie), 1964
- *Pour que renaisse ma Quisqueya,* (poésie), 1967
- *Désert étoilé,* (roman) 1995

Jean Richard Laforest

- *Insoupçonné* (poésie), Imp. Théodore, 1960
- *Pierrot le Noir,* Disque,(poésie), Coumbite, 1968
- *Le divan des alternances* (poésie), Nouvelle Optique, 1978
- *Poèmes choisis, Anthologie des poèmes de Serge Legagneur* (poésie), éd. du Noroît, 1997
- *Poèmes de la Terre pénible* (poésie), CIDIHCA, 1998

Josaphat-Robert Large

- *Nerfs du vent* (Poésie), éd. P.J. Oswald, 1975.
- *Chute de mots* (Poésie), éd. Saint-Germain-des-Prés, 1989.

- *Pè Sèt* (Pwezi kreyòl) (Pwezi), éd. Mapou, 1994, 1996.
- *Les sentiers de l'enfer* (Roman), l'Harmattan, 1990.
- *Les récoltes de la folie* (Roman), l'Harmattan, 1996.
- *La voix du bisaïeul* (théâtre), 1998.
- *Les terres entourées de larmes* (Roman), éd.Harmattan, 2002.
- *Partir sur un coursier de nuages* (Roman), éd. Harmattan, 2008.
- *Rete! kote Lamèsi* (roman), Presses Nationales d'Haïti, 2008.

Maxilien Laroche

- *Le miracle et la métamorphose*, 1970.
- *L'image comme écho* (essai), 1978.
- *La littérature haïtienne, identité, langue, réalité* (essai),Léméac, 1981 ; Mémoire, 2000.
- *L'avènement de la littérature haïtienne* (essai), GRELCA, 1987 ; Mémoire, 2001.
- *La double scène de la représentation* (essai), GRELCA, 1991 ; Mémoire 2000.
- *Dialectique de l'américanisation* (essai), GRELCA, 1993.
- *Sémiologie des apparences* (essai), GRELCA, 1994.
- *TEKE* (essai), Mémoire, 2000.
- *Mythologie haïtienne*(essai), GRELCA, 2002.
- *Prinsip Marasa* (essai), GRELCA, 2004.
- *Littérature Haïtienne comparée* (essai), GRELCA, 2007.

Frantz-Antoine Leconte

- *La tradition de l'Ennui splénétique en France, de Christine de Pisan à Baudelaire*, 1995
- *1492: Le Viol du Nouveau-Monde*, CIDIHCA, 1996.
- *La République* (théâtre), CIDIHCA, 1998.
- *Haïti: Le Vodou au troisième millénaire* (essai), CIDIHCA, 2002.
- *Haïti et Littérature : Jacques Roumain au pluriel* (essai), New Hemisphere Books, 2007.
- *Josaphat Robert-Large : La fragmentation de l'être* (essai), l'Harmattan, 2009.

Serge Legagneur

- *Textes interdits* (poésie), éd. Estérel, 1966.
- *Textes en croix* (poésies), Nouvelle Optique, 1978.
- *Le crabe* (poésie), éd. Estérel, 1981.
- *Inaltérable* (poésie), éd. du Noroît, 1983.
- *Textes muets* (poésie), éd. du Noroît, 1987.
- *Glyphes* (poésie), CIDIHCA, 1989.
- *Poèmes choisis, 1961-1997* (poésie), éd. du Noroît, 1997.

Frenand Léger

- *Pawòl Lakay: Haitian Creole Language and Culture for beginner and Intermediate Learners* (avec Mahalia Germain et Chrisitne Diment), Educa vision, 2011.
- *Haitian Creole Bilingual English Dictionary* (HCBED), Indiana University, 2007

Jean René Lemoine

- *L'Adoration, Carnières*, éditions Lansman, 2003.
- *Ecchymose*, Besançon, Les Solitaires Intempestifs, 2005,
- *Face à la mère*, Besançon, Les Solitaires Intempestifs, 2006,
- *Erzuli Dahomey, déesse de l'amour*, Besançon, Les Solitaires Intempestifs, 2009.
- *Iphigénie, suivi de In memoriam*, Besançon, Les Solitaires Intempestifs, 2012.

Jean-Robert Léonidas

- *Sérénade pour un pays, ou, La génération du silence* (essai), CIDIHCA, 1992.
- *Prétendus créolismes : Le couteau dans l'igname* (essai), CIDIHCA, 1995.
- *Les Campêches de Versailles* (roman), CIDIHCA, 2005.
- *Parfum de bergamote* (poésie), Montréal: CIDIHCA, 2007.

- *Ce qui me reste d'Haïti : Fragments et regards* (essai), CIDIHCA, 2010.
- *Rythmique Incandescente* (poésie), Riveneuve, 2011.
- *À chacun son big-bang* (roman), Zellige, 2012.

Félix Morisseau-Leroy

- *Le destin des Caraïbes / El destino del Caribe* (essai), Imp. Telhomme, 1941
- « La mort d'Anacaono », « Jesse Owens » et « Rythmes ». *Gerbe pour deux amis* (poésie), avec Roussan Camille, Jean F. Brierre, Deschamps, 1945.
- *Récolte* (roman), Les Éditions haïtiennes, 1946.
- *Natif-Natal: un conte en vers* (récit), Impr. de l'État, 1948; Deschamps, 1999.
- *Antigòn* (théâtre), Deschamps, 1953.
- *Diacoute* (poésie), Deschamps, 1953.
- *Diacoute* (poésie), Nouvelle Optique, 1972.
- *Plénitudes* (poésie), Imp. Telhomme, 1940/ Klaus Reprint, 1973.
- *Kasamansa* (poésie), Nouvelles Editions Africaines, 1977.
- *Ravinodyab / La Ravine aux diables* (récit), l'Harmattan, 1982.
- *Dyakout 1,2,3, ak twa lòt poèm* (poésie), Jaden Kreyòl, 1983
- *Dyakout 1,2,3,4* (poésie), Haitiana Publications,1990.
- *Les Djons d'Aïti Tonma* (roman), L'Harmattan, 1996.
- *Teyat kreyòl: Antigòn; Wa kreyon; Pèp la; Moun fou; Rara; Anatòl* (théâtre), Libète, 1997.
- *Kont kreyòl.* (« Ravinodyab », « Eminans », « Sen Jan », « Lamizè », « Ri potchanm », « Vilbonè ») (récit), Le Natal: 2001.

Nadine Magloire

- *Le mal de vivre* (roman), Port-au-Prince, éd. du Verseau, 1968.
- *Autopsie in vivo: le sexe mythique* (roman), Port-au-Prince, éd. du Verseau, 1975 ; LEGS ÉDITION, 2014.
- *Autopsie in vivo* (roman), Montréal, éd. du Verseau/CIDHICA, 2009.
- *Autopsie in vivo* (la suite), (roman), Montréal, éd. du Verseau/CIDHICA, 2010.

Michèle Voltaire Marcelin

- *La Désenchantée* (roman), Montréal: CIDIHCA, 2005.
- *Lost and Found* (poésie), Montréal: CIDIHCA, 2009.
- *Amours et Bagatelles* (poésie), Montréal: CIDIHCA, 2009.

Stéphane Martelly

- *Couleur de rue* (conte), Pétion-Ville, Hachette-Deschamps / Vanves, Edicef, 1999.
- *L'Homme aux cheveux de fougère / Nèg-fèy* (conte), trad. en créole de Claude Pierre, Saint-Damien-de-Brandon (Québec), éd. du Soleil de Minuit, 2002.
- *La Boîte noire suivi de Départs* (poèmes), Montpellier (Québec), Écrits des Hautes Terres / Montréal: CIDIHCA, 2004.
- *La Maman qui s'absentait* (fable), Vents d'Ailleurs, 2011.
- *Le Sujet opaque, une lecture de l'oeuvre poétique de Magloire-Saint-Aude* (essai), Paris, L'Harmattan, 2001.
- *MOI – manuel de formation personnelle et sociale* (collectif), Areytos, 2001.

Marie-Soeurette Mathieu

- *Lueurs*, (poésie), 1971 ;
- *Ardémée*, (poésie) 1997.

Jean Métellus

- *Jacmel au crépuscule* (roman), Gallimard, 1981.
- *La Famille Vortex* (roman), Gallimard, 1982, 2010.
- *Une Eau-forte* (roman), Gallimard, 1983.
- *La Parole prisonnière* (roman), Gallimard, 1986.
- *L'Année Dessalines* (roman), Gallimard, 1986.
- *Les Cacos* (roman), Gallimard, 1989.
- *Charles-Honoré Bonnefoy* (roman), Gallimard, 1990.

- *Louis Vortex* (roman), Messidor, 1992; Maisonneuve et Larose / Emina Soleil, 2005.
- *L'Archevêque* (roman), Le Temps des Cerises, 1999.
- *La Vie en partage* (roman), Desclée de Brouwer, 2000.
- *Toussaint Louverture, le précurseur* (roman), Le Temps des Cérises, 2004.
- *Au Pipirite chantant* (poésie), Maurice Nadeau, 1978;
- *Au Pipirite chantant et autres poèmes*(poésie), Maurice Nadeau (Lettres Nouvelles), 1995.
- *Tous ces Chants sereins* (poésie), Qui Vive, 1980.
- *Hommes de plein vent* (poésie), Silex, 1981; Nouvelles du Sud, 1992.
- *Voyance* (poésie), Hatier, 1984;
- *Voyance et autres poèmes* (poésie), Janus, 2005.
- *Jacmel* (édition bilingue, français-espagnol) (poésie), Orénoques, 1991;
- *Jacmel toujours* (poésie), Janus, 2007.
- *Voix nègres* (poésie), Le Bruit des Autres, 1992;
- *Voix nègres, voix rebelles*(poésie), Le Temps des Cerises, 2000;
- *Voix nègres, voix rebelles, voix fraternelles*(poésie), Le Temps des Cerises, 2007.
- *Filtro amaro* (Philtre amer), édition bilingue, français-italien (poésie), La Rosa, 1996.
- *Les Dieux pèlerins*(poésie), Nouvelles du Sud, 1997; Janus, 2004.
- *La Peau et autres poèmes*(poésie), Seghers. 2006.
- *Visages de femmes*(poésie), Le Temps des Cerises, 2007, 2008.
- *Eléments*(poésie), Janus, 2008.
- *Braises de la mémoire* (poésie), Janus, 2009.
- *La main et autres poèmes*(poésie), Janus, 2010.
- *Hommes de plein vent, hommes de plein ciel* (poésie), Janus, 2011.
- *Souvenirs à vif* (Haïti) (poésie), éd. Henry / Janus, 2011.
- *Empreintes*(poésie), Janus, 2013.
- *Rhapsodie pour Hispaniola* (poésie), Bruno Doucey, 2015.
- *Anacaona* (théâtre), Hatier, 1986, 2002;
- *Le Pont rouge* (théâtre), Nouvelles du Sud, 1991.
- *Colomb* (théâtre), De l'autre-mer, 1992.
- *Toussaint Louverture, le précurseur* (théâtre), Hatier International, 2003; Le Temps des Cerises, 2014.
- *Henri le Cacique* (théâtre), Silex / Nouvelles du Sud, 2005.

- *Haïti, une nation pathétique* (essai), Denoël, 1987; Maisonneuve et Larose, 2003.
- *Voyage à travers le langage* (essai), Ortho-Edition, 1996.
- *De l'Esclavage aux abolitions: XVIIe - XXe siècle.* (avec Marcel Dorigny) (essai), Cercle d'Art, 1998.
- *Vive la dyslexie!* (essai), Nil, 2002; J'ai Lu, 2004.

Roland Morisseau

- *5 poèmes de reconnaissance* (poésie), Imp. Théodore, 1961.
- *Germination d'espoir* (poésie), Imp. Théodore, 1962.
- *Clef du soleil* (avec « Promesse » de René Philoctète), (poésie), Les Araignées du soir, 1963.
- *La promeneuse au jasmin* (poésie), Guernica, 1988.
- *Poésie, 1960-1991* (poésie), Guernica, 1993.

Pierre-Richard Narcisse

- *Dèy ak lespwa* (poésie), Choucoune, 1979.
- *De pale* (avec Lyonel Trouillot), (poésie), Fardin, 1979.
- *Recho Etajè* (poésie), Impressions magiques, 1983.
- *Dans l'ombre d'une exécution: toute l'enquête sur l'affaire Coicou* (récit), Haitian Book Centre, 2010.
- *La Fresaie* (récit), Haitian Book Centre, 2011.

John Nelson dit Saint-Jhon KAUSS

- *Chants d'homme pour les nuits d'ombre* (poésie), Choucoune, 1979.
- *Autopsie du jour* (poésie), Choucoune, 1979.
- *Hymne à la survie et deux poèmes en mission spéciale* (poésie), éd. Damour, 1980.
- *Ombres du Quercy* (poésie), éd. Nelson, 1981.
- *Au filin des cœurs* (poésie), éd. Nelson, 1981.
- *Entre la parole et l'écriture* (essai), Nelson, 1981.
- *Zygoème ou Chant d'amour dans le brouillard* (poésie), Kauss Éditeurs, 1983.

- *Twa Degout*, poèmes créoles (poésie), Choucoune, 1984.
- *La danseuse exotique précédée de Protocole Ignifuge* (poésie), Choucoune, 1987.
- *Pages fragiles* (poésie), Humanitas, 1991.
- *Testamentaire* (poésie), Humanitas, 1993.
- *Territoires* (poésie), Humanitas, 1995.
- *Territoire de l'enfance* (poésie), éditions bilingues (français-roumain). Trad. Andrei Stoiciu, Humanitas / éd. 1996 ; Editura Cogito, 1997.
- *Pour une nouvelle littérature: Le manifeste du Surpluréalisme* (essai), Présence, 1998.
- *Le livre d'Orphée*, poème, éd. Présence, 1998.
- *Paroles d'homme libre* (poésie), Humanitas, 2005.
- *Le manuscrit du dégel* (poésie), Humanitas, 2006.
- *Hautes Feuilles* (poésie), Humanitas, 2007.
- *Poèmes exemplaires* (poésie), éd. Joseph Ouaknine, 2007.
- *L'Archidoxe poétique* (essai), Humanitas, 2008.
- *Florides* (poésie), éd. Conel, 2012.
- *Déluges* (poésie), éd. Conel, 2013.

Émile Ollivier

- *Mère-Solitude* (roman), Albin Michel, 1983; Le Serpent à Plumes, 1994.
- *La Discorde aux cent voix* (roman), Albin Michel, 1986.
- *Passages* (roman), l'Hexagone, 1991; Le Serpent à Plumes, 2001.
- *Les Urnes scellées* (roman), Albin Michel, 1995.
- *Mille Eaux* (roman), Gallimard, 1999.
- *La Brûlerie* (roman), Boréal, 2004; Albin Michel, 2005.
- *1946/1976: Trente ans de Pouvoir Noir en Haïti.* (avec Cary Hector et Claude Moïse) (essai), Collectif Paroles, 1976.
- *Haïti, quel développement?* (avec Charles Manigat et Claude Moïse) (essai), Collectif Paroles, 1976.
- *Analphabétisme et alphabétisation des immigrants haïtiens à Montréal* (essai), Librairie de l'Université de Montréal, 1981.
- *Penser l'éducation des adultes, ou fondements philosophiques de l'éducation des adultes.* (avec Adèle Chené) (essai), Guérin, 1983.

- *La Marginalité silencieuse.* (avec Maurice Chalom et Louis Toupin) (essai), CIDIHCA, 1991.
- *Repenser Haïti; grandeur et misères d'un mouvement démocratique.* (avec Claude Moïse) (essai), CIDIHCA, 1992.
- *Repérages* (essai), Leméac, 2001.
- *Paysage de l'aveugle* (nouvelles), Pierre Tisseyre, 1977.
- *Regarde, regarde les lions* (nouvelles), Myriam Solal, 1995.
- *Regarde, regarde les lions* (nouvelles), Albin Michel, 2001.
- *L'Enquête se poursuit* (nouvelle)Plume & Encre, 2006.

Margaret Papillon

- *La Marginale* (roman), Port-au-Prince, Henri Deschamps, 1987.
- *Martin Toma* (roman), Port-au-Prince, Imprimeur II, 1991.
- *La Saison du pardon* (roman), Port-au-Prince, Pressmax, 1997.
- *Mathieu et le vieux mage au regard d'enfant* (roman), Port-au-Prince, Imprimeur II, 2000.
- *Innocents Fantasmes* (roman), Port-au-Prince, Imprimeur II, 2001.
- *La Mal-aimée* (roman), Coconut Creek (Florida), EducaVision / Montréal: CIDIHCA, 2008.
- *Douce et tendre luxure* (roman), Miami, Butterfly Publications, 2011.
- *La Promise, tome I* (Rachel, la mystique), (roman), Miami Butterfly Publications, 2012.
- *La Promise, tome II* (L'héritier du Prince) (roman), Miami, Butterfly Publications, 2013.
- *Passion composée* (nouvelles), Port-au-Prince, Pressmax, 1997.
- *Noirs préjugés* (roman), Miami, Butterfly Publications, 2010.
- *Angie.* Miami: Butterfly Publications, 2012.

Stanley Péan

- *Le Tumulte de mon sang* (roman), Québec/Amérique, 1991; La Courte Échelle, 2001, 2007; Presses Nationales d'Haïti, 2007.
- *Zombi Blues* (roman), La Courte Échelle, 1996; J'ai lu, 1999;La Courte Échelle, 2007.
- *Bizango* (roman), Les Allusifs, 2011.

- *La Plage des songes et autres récits d'exil* (nouvelles),CIDIHCA, 1988; BQ, 1998.
- *Sombres allées, Treize excursions en territoire de l'insolite* (nouvelles), CIDIHCA, 1992.
- *Noirs désirs* (nouvelles),Leméac, 1999.
- *La Nuit démasque* (nouvelles), Planète Rebelle / CIDIHCA, 2000; La Courte Échelle, 2007.
- *Le Cabinet du Docteur K; et autres histoires d'amours contrariées* (nouvelles),Planète Rebelle, 2001; La Courte Échelle, 2007.
- *Cette Étrangeté coutumière*(nouvelles),J'ai vu, 2001.
- *Autochtones de la nuit*(nouvelles),La Courte Échelle, 2007.
- *Toute la ville en jazz* (récit), Trait d'union, 1999.
- *Pl@nète culture; les bonnes adresses culturelles dans Internet* (récit), Planète Rebelle, 2000.
- *Taximan: propos et anecdotes recueillis depuis la banquette arrière* (récit), Mémoire d'encrier, 2004.

Anthony Phelps

- *Été* (poésie), Imp., 1960.
- *Présence*, poème, Haïti-Littéraire, 1961.
- *Éclats de silence* (poésie), Haïti-Littéraire, 1962.
- *Points cardinaux* (poésie), Holt, Rinehart et Winston, 1966.
- *Mon pays que voici suivi de les Dits du fou-aux-cailloux* (poésie), P.J. Oswald, 1968/Mémoire d'encrier, 2007.
- *Motifs pour le temps saisonnier* (poésie), P. J. Oswald, 1976.
- *La Bélière caraïbe* (poésie), Casa de las Américas, 1980 ; Nouvelle Optique, 1980.
- *Même le soleil est nu* (poésie), Nouvelle Optique, 1983.
- *Orchidée nègre*(poésie), Triptyque, 1987.
- *Les doubles quatrains mauves* (poésie), éd. Mémoire, 1995.
- *Immobile Voyageuse de Picas et autres silences* (poésie), CIDIHCA, 2000.
- *Femme Amérique* (poésie), Écrits des Forges / Autres Temps, 2004.
- *Une phrase lente de violoncelle* (poésie), éd. du Noroît, 2005.
- *Une plage intemporelle* (poésie), éd. du Noroît, 2011.

- *Nomade je fus de très vieille mémoire* (anthologie personnelle) (poésie), Bruno Doucey, 2012.
- *L'Araginée chiromancienne* (poésie), Éditions d'Art Le Sabord, 2012.
- *Moins l'infini* (roman), Les Éditeurs Français Réunis, 1973; CIDIHCA, 2001;
- *Des fleurs pour les héros* (roman), Le Temps des Cerises, 2013.
- *Mémoire en colin-maillard* (roman), Éditions Nouvelle Optique, 1976; CIDIHCA, 2001.
- *Haïti ! Haïti !* (avec Gary Klang) (roman), Libre Expression, 1985;
- *Le massacre de Jérémie : opération vengeance*(roman), Éditions Dialogue Nord-Sud, 2014.
- *La Contrainte de l'inachevé* (roman), Leméac, 2006.
- *Le mannequin enchanté* (nouvelles), Leméac, 2009.
- *Le conditionnel* (théâtre), Holt, Reinhart et Winston, 1968.

Jacques Pierre

- *Omega* (poésie), Classic Editions, 2012.

Samuel Pierre

- *Ces Québécois venus d'Haïti – Contribution de la communauté haïtienne à l'édification du Québec moderne*, Presses inter Polytechnique, 2007.
- *Construction d'une Haïti Nouvelle. Vision et contribution du GRAHN*, Presses inter Polytechnique, 2010.

Jean Jacques Pierre-Paul

- *Miroir en pierres illisibles* (poésie), éd. Solèy leve, 2007.
- *Révitude ou la gestuelle du midi des hommes* (poésie), Ambos Editores, 2010.
- *Islas del futuro* (poésie),Ambos Editores, 2010.
- *Delirium poetum* (poésie), Marche infinie, 2013.

Rodney Saint-Éloi

- *Graffitis pour l'aurore* (Poésie), Imprimeur II, 1989.
- *Voyelles adultes*, (Poésie), éd. Mémoire, 1994.
- *Pierres anonymes*, (Poésie), éd. Mémoire, 1994.
- *Cantique d'Emma*, (Poésie), éd. Vwa, 1997/ Mémoire, 2001.
- *J'avais une ville d'eau de terre et d'arcs-en-ciel heureux* (Poésie), éd. Mémoire, 1999.
- *J'ai un arbre dans ma pirogue* (Poésie), éd. Mémoire d'encrier, 2004.
- *Récitatif au pays des ombres* (Poésie), éd. Mémoire d'encrier, 2011.
- *Jacques Roche, je t'écris cette lettre* (Poésie), éd. Mémoire d'encrier, 2013.
- *Haïti, Kenbe la* (récit), éd. Michel Lafon, 2010.

Hugues Saint-Fort

- *Haïti : Questions de langues, langues en questions* (essai), éd. de l'Université d'Etat d'Haïti, 2011.

Joubert Satyre

- *Espaces intermédiaires* (Poésie), éd. Mémoire, 1994.
- *Coup de poing au soleil* (Poésie), éd. Mémoire d'encrier, 2004.

Maurice Alfredo Sixto

- *Lea Kokoyé*, Madan Ròròl (disque I),
- *Zabèlbòk Berachat Bòs Chaleran* (disque II),
- *Ti Sentaniz, Madan Senvilus, Lòk Tama, Pè Tanmba* (disque III),
- *Gwo Moso, Ti Kam, Tant Mezi, Ronma lan ekspò, Priyè devan katedral*, (disque IV),
- *J'ai vengé la race, Dépestre ; Le corallin du Célibataire ; Les ambassadeurs à Kinshasa* (disque V),
- *Madan Jul, Ton chal ; L'homme citron, Men yon lòt lang, Pleyonas, Téofil ; Le jeune agronome Général Ti Kòk ; La petite veste de galerie de Papa* (disque).

- *Bicentenaire,*
- *Maurice Sixto pa nan Betiz* (posthume),

Elsie Suréna

- *Mélodies pour Soirs de Fine Pluie* (poésie), Port-au-Prince, Presses Nationales d'Haïti, 2002.
- *Confidences des Nuits de la Treizième Lune* (poésie), Port-au-Prince, Presses Nationales d'Haïti, 2003.
- *Haïkus d'un soir* (poésie), Port-au-Prince, Bukante Editorial, 2009.
- *Tardives et sauvages* (poésie), New York, RivartiCollection, 2009.
- *L'Arbre qui rêvait d'amour* (conte), Port-au-Prince, Presses Nationales d'Haïti, 2002.
- *Ann al jwe !* (conte), Port-au-Prince: Page Concept, 2007.

Lenous Surprice

- *Rêverrant suivi de Journalintime* (poésie), Lagomatik, 1990.
- *Bwamitan* (poésie), Lagomatik, 1993.
- *Faits divers* (poésie), CIDIHCA, 1994.
- *En enjambant le vent: poèmes, 1990-1995* (poésie), Humanitas, 1997.
- *L'île en pages: poèmes, 1994-1996* (poésie), 1998.
- *Rouge cueillaison* (poésie), Humanitas, 2000.
- *Pawoli* (poésie), CIDIHCA, 2003.
- *Fictive Andalouse en ma mémoire: poèmes, 1999-2006* (poésie), Humanitas, 2006.
- *Ruminations* (poésie), CIDIHCA, 2009.
- *Lettres à mes ombres*, Dédicaces, 2011.

Patrick Sylvain

- *Love, Lust & Loss*, Mémoire d'encrier, 2007

Janine Tavernier

- *Ombres ensoleillées* (poésie), Port-au-Prince, Gervais A. Louis, 1961; LEGS ÉDITION 2014.
- *Sur mon plus petit doigt* (poésie), Port-au-Prince, Imprimerie Serge L. Gaston, 1962.
- *Splendeur* (poésie), Port-au-Prince, Imprimerie S. Bissainthe, 1963. LEGS ÉDITION 2014.
- *Naïma, fille des dieux* (poésie), Sherbrooke, Naaman, 1982.
- *Sphinx du laurier rose* (poésie), Port-au-Prince, Éditions Khus Khus / Imprimerie Le Natal, 2010.
- *Fleurs de muraille* (roman), Montréal, CIDIHCA, 2000.
- *La Gravitante* (roman), Port-au-Prince, Presses Nationales d'Haïti, 2007.
- *Une Tentative de norphologie du conte haïtien suivie d'une analyse psychologique* (essai), thèse de doctorat, University of California, Davis, 2002.

Féquière Vilsaint

- *English/Haitian Creole Medical Dictionary: Diksyone Medikal Angle Kreyol*, Educa Vision, 2000.
- *Guide to Learning Haitian Creole*, Educa Vision, 2004.
- *Haitian-Creole Phrase*, Educa Vision, 2005
- *English Haitian Creole Haitian Creole English Word to Word Dictionary*, Educa Vision 2005.

Merès Wêche

- *L'Oncion du St-Fac* (roman), 1980
- *Le plus long jour de chasteté* (roman), 2004.
- *Le songe d'une nuit d'enfance* (roman), 2011
- *Alexandre Dumas, Monsieur le général* (Biographie), éd. Société des écrivains, 2014.

Liste des rédacteurs et contributeurs :

Indran AMIRTHANAYAGAM
Anas ATAKORA
Jeanie BOGART
Catherine BOUDET
Wébert CHARLES
Watson CHARLES
Websder CORNEILLE
Claudy DELNÈ
Jean-Durosier DESRIVIÉRES
Joël DES ROSIERS
Jean James ESTEPHA
Qualito ESTIMÉ
Guillemette DE GRISSAC
Meriem HAFI MERIBOUTE
Michel HERLAND
Méleck JEAN-BAPTISTE
Michel Voltaire MARCELIN
Mirline PIERRE
Dieulermesson PETIT FRÈRE
Ghislaine SATHOUD
Carolyn SHREAD
Patrick SYLVAIN
Marie Alice THEARD

Imprimé pour le compte de LEGS ÉDITION
26, delmas 8, Haïti
(509)49 28 78 11/33 50 09 60
legsedition@fr.ht
www.legsetlitterature.fr.ht

Made in the USA
Middletown, DE
21 May 2015